D0558598

L'ESSENTIEL
DE LA
GRAMMAIRE FRANÇAISE

Simple et pratique

Sous la direction de l'équipe de la Centrale d'achats Maxi-Livres
Direction : Alexandre Falco
Responsable des publications : Françoise Orlando-Trouvé
Responsable édition-fabrication : Stéphanie Bogdanowicz
Composition et mise en pages : Nord Compo

Découvrez nos offres et nos magasins sur le site :
www.maxi-livres.com

Garantie de l'éditeur
Malgré tout le soin apporté à sa réalisation,
cet ouvrage peut comporter des erreurs ou des omissions.
Nous remercions le lecteur de bien vouloir nous faire part
de toute remarque à ce sujet.

André Jouette

L'ESSENTIEL DE LA GRAMMAIRE FRANÇAISE

Simple et pratique

Sommaire

Abréviations employées

adj.	adjectif
adv.	adverbe
att.	attribut
circ.	circonstanciel
c.o.	complément d'objet
c.o.d.	complément d'objet direct
compl.	complément
indép.	indépendante
indic.	indicatif
P	principale
S	subordonnée
SC	subordonnée conjonctive
SR	subordonnée relative
subj.	subjonctif

LA LANGUE ET LA GRAMMAIRE

Je regarde la grammaire
comme la première partie de l'art de penser.

CONDILLAC

1 – Langue française

La langue d'un peuple s'établit, selon le milieu, à un certain niveau et il est d'usage de discerner des **registres de langue** (grossier, trivial, argotique, populaire, courant, bourgeois, familier, administratif, précieux, noble, soutenu, savant, pédant, etc.). Un langage se situe surtout par le vocabulaire employé. Pour ce qui est de sa structure, de sa syntaxe, il ne peut guère changer ; les **mots chevilles** (pronoms relatifs, prépositions, conjonctions) sont indispensables à tous les niveaux. Un langage est grammaticalement correct quand il respecte l'armature de la phrase traditionnelle, héritée de l'usage populaire et littéraire.

Le **discours**, ou manière de s'exprimer, est fait d'énoncés variés, renforcés par l'intonation dans la parole, par la ponctuation dans l'écriture.

On apprend sa langue maternelle par la parole, on sait s'en servir avant de se préoccuper de l'analyser, de discerner la structure du discours, d'étudier ses éléments.

Parce qu'elle s'adresse à des personnes sachant la langue, cette grammaire progresse du plus petit élément du français (la lettre) au plus grand (la phrase).

2 – Langue parlée

Pour être parlée, la langue assemble des sons élémentaires, les **phonèmes**, qui sont en français au nombre de trente-six, alors que nous ne disposons pour les écrire que de vingt-six lettres, ce qui est insuffisant. Il nous faut donc assembler ces lettres de façon conventionnelle pour restituer les sons entendus ou prononcés.

3 – Figuration des sons

La plupart des dictionnaires qui veulent faire figurer la prononciation des mots français ont recours à l'alphabet de l'Association phonétique internationale (A.P.I.). Cet alphabet nous fournit tous les phonèmes utiles et peut servir aussi pour l'étude des prononciations étrangères. Il est donc très utile de connaître l'A.P.I.

	Phonèmes	qu'on trouve dans	Écriture A.P.I.
a) Voyelles	a	*Paris, patte, rat*	[a]
	â	*âne, pâte*	[ɑ]
	e	*le, repos*	[ə]
	é	*blé, été*	[e]
	è	*père, crème*	[ɛ]
	eu	*neuf, cœur*	[œ]
	eû	*peu, jeu*	[ø]
	i	*si, habit*	[i]
	o	*mort, robe*	[ɔ]
	ô	*beau, rose*	[o]
	u	*tu, sûr*	[y]
	ou	*joue, doux*	[u]
b) Voyelles nasales	an	*banc, il ment*	[ã]
	on	*bon, honte*	[ɔ̃]
	un	*brun, parfum*	[œ̃]
	in	*brin, pain, sein*	[ɛ̃]

c) Semi-voyelles	i + voyelle	*ciel, iota, lieu*	[j]
	u + voyelle	*tuer, lui*	[ɥ]
	ou + voyelle	*jouer, Louis*	[w]
d) Consonnes	b	*bon, abbé*	[b]
	k	*cas, qui, bac*	[k]
	s	*sa, assez, ceci*	[s]
	ch	*chou, Auch*	[ʃ]
	d	*don, bled*	[d]
	f	*fou, chef*	[f]
	g	*gare, gang*	[g]
	j	*juge, âgé*	[ʒ]
	l	*lin, mal*	[l]
	m	*main, même*	[m]
	n	*nid, canal, dolmen*	[n]
	p	*pic, appât, cap*	[p]
	r	*rue, mari, are*	[R]
	t	*tu, ôté, latte*	[t]
	v	*veau, ouvert*	[v]
	x	*ex, taxe*	[ks]
	z	*zone, gaz, poison*	[z]
	gn	*agneau, ligne*	[ɲ]

La diphtongue « ye » (appelée *yod*) se traduit par [j].

Ainsi, pour *fille* [fij]
pour *soleil* [sɔlɛj]
pour *médaille* [medaj]
pour *œil* [œj]

4 – Liaisons

Dans le français parlé, on ne doit faire de liaison que lorsque deux mots sont étroitement unis par le sens :

Les [z] *ormes*	*Un grand* [t] *homme*
De beaux [z] *enfants*	*Neuf* [v] *heures*
Le deux [z] *avril*	*Tout* [t] *à son* [n] *affaire*
Trop [p] *étroit*	*Elles* [z] *y vont*
Bien [n] *arrivés*	*On* [n] *arrive*

Si un *r* est suivi d'une finale muette, on fait la liaison avec ce *r* :

Il part [r] *avec eux*	*Des cuillers* [r] *à café*

De même on dira : *Des pots* [t] *au feu*
On ne fait pas la liaison avec un *h* aspiré *(des héros)* ou un *y* aspiré *(des yuccas)*, avec les mots *uhlan, onze, onzième, oui (les onze joueurs)*, un mot isolé *(des ah ! et des oh !)*, après la conjonction *et (un fils et une fille)* ou après une consonne muette : *un drap élimé, le loup et l'agneau, un temps idéal*.
La liaison nécessaire ne sera jamais appuyée car l'impression doit en être agréable et harmonieuse.

La langue écrite

5 – Alphabet

L'alphabet français comprend vingt-six lettres :
a b c d e f g h i j k l m n o p q r s t u v w x y z
Cet alphabet mêle les **voyelles** *(a, e, i, o, u, y)*, qui peuvent s'énoncer seules, d'une seule voix, et les **consonnes**, qui ont besoin d'une voyelle

pour être dites (*b* se dit *bé* en français, *bi* en anglais).
Notre alphabet est un alphabet dit latin ou romain. Nombre de pays l'ont adopté, mais quelquefois en y ajoutant des lettres supplémentaires ou des signes diacritiques (ø en danois, ɟ en polonais, č en tchèque, etc.).
Pour les peuples qui ont des particularités de prononciation ou qui n'emploient pas un alphabet latin (Arabes et Chinois, par exemple), le français s'efforce de figurer les mots d'après la prononciation entendue : quand nous écrivons *Abd al-Rahman* ou *Deng Xiaoping*, nous opérons une translittération, traduisant au mieux dans notre écriture la prononciation des mots qui s'écrivent normalement en alphabets non latins.

6 – Syllabes

En assemblant les lettres, nous formons des **syllabes**, sortes d'émission indivisible de la voix, dont voici des exemples :

- Mots d'une syllabe (ou monosyllabes) : *a, oui, pré, bec, joue*.
- Mots de plusieurs syllabes (ou polysyllabes) : *ca-fé, trans-port, grâ-ce, ar-ri-ver, mé-ca-ni-que*.

Toute syllabe comporte au moins une voyelle. Quand on doit couper un mot en fin de ligne, on fait la coupure entre deux syllabes. Une syllabe finissant par un ***e*** (muet ou semi-muet) est dite syllabe muette : *fa-ci-**le**, per-**dre**, ils re-vien-**nent***.

7 – Mots

Unités d'écriture, les **mots** sont les éléments de la phrase.

On distingue généralement :

a) les **mots variables**	nom
	adjectif et article
	pronom
	verbe
b) les **mots invariables**	adverbe
	préposition
	conjonction
	interjection

Les mots caractéristiques sont le **nom** et le **verbe**, constituants essentiels de la phrase :

voiture	*roule*
(nom)	(verbe)

• Le nom est précisé par un **déterminant** (ou déterminatif) qui peut être :

un article	***La*** *voiture roule.*
un adjectif possessif	***Sa*** *voiture roule.*
un adjectif démonstratif	***Cette*** *voiture roule.*
un adjectif numéral cardinal	***Quatre*** *voitures roulent.*

• Les autres **adjectifs** précisent ou décrivent le nom :

adjectif qualificatif	*La* ***vieille*** *voiture.*
adjectif numéral ordinal	*La* ***troisième*** *voiture.*
adjectif indéfini	*L'****autre*** *voiture.*
adjectif exclamatif	***Quelle*** *voiture !*

• Les **pronoms** peuvent remplacer le nom :

pronom personnel	***Elle*** *roule.*
pronom démonstratif ;	
pronom relatif	***Celle qui*** *roule.*

• L'**adverbe** modifie et complète la signification du verbe :

adverbe	*La voiture roule* ***lentement****.*
locution adverbiale	*Elle* ***ne*** *roule* ***guère****.*

• **Préposition** et **conjonction** sont des mots de liaison :

prépositions	*La voiture* ***de*** *grand-père roule* ***sur*** *la route.*
conjonction	*Elle fait grand bruit* ***quand*** *elle roule.*

8 – Groupes de mots

En grammaire, le **groupe de mots** est quelquefois assimilé au mot, spécialement pour le rôle joué dans la phrase, c'est-à-dire la fonction grammaticale :

Il écrit avec un ***crayon****.* (nom)
Il écrit avec une ***machine à écrire****.*
(groupe nominal)
Le train ***arrive*** *en gare.* (verbe)
Le train ***fait son entrée*** *en gare.*
(groupe verbal)

Tous ces éléments du français, mots et groupes de mots, en relation étroite et diversement assemblés, font la variété de la phrase française, le style.
La **syntaxe** est l'étude grammaticale de la construction de la phrase et des fonctions de ses éléments.

9 – Évolution des mots

Ce qu'était la langue primitive, on ne peut le savoir, mais on a observé que chez l'enfant et dans certaines langues on ne distingue pas le nom du verbe (*dodo* signifie *sommeil* et *dormir*). En progressant, le langage dut séparer les noms pour désigner les êtres, les choses et les idées, des verbes pour désigner les actions et les états ; puis sont venus s'ajouter les adjectifs (on peut aussi se demander si ces derniers ne furent pas, avec les interjections, les premiers mots créés), ainsi que les particules de liaison pour ajuster les mots en discours.

Le français est une langue riche de toutes ses acquisitions et surtout bien liée. Ses ressources sont grandes et nous disposons avec elle d'un excellent outil pour nos communications orales ou écrites.

La langue d'un pays n'est pas une création autonome ; elle doit beaucoup aux conquérants, aux voisins, aux techniques étrangères. Mais l'agencement des mots, les enchaînements — c'est-à-dire la syntaxe — lui sont personnels. De plus, le français est capable de créer des mots par l'adjonction de préfixes et de suffixes, par groupement de mots et parce qu'il se permet de changer les mots de nature grammaticale. De ce fait, le français est une langue souple aux possibilités multiples.

10 - Création de mots

Le mot est rarement isolé dans le lexique. Il fait souvent partie d'une **famille de mots** qui ont tous en commun un radical. Ainsi, par exemple, on peut observer les familles :

Paraître, apparence, apparition, comparution, disparaître, transparent...
Solitude, solitaire, seul, désoler, désolation...
Dur, durcir, durement, dureté, endurer, endurcissement...

Dans chacune de ces familles, on voit nettement le **radical** *(par, sol, dur)*. À ce radical sont adjoints des **affixes**. Placés avant le radical, ce sont les **préfixes** ; ci-dessus : *ap-, com-, dis-, trans-, dé-, en-*. Placés après le radical, ce sont les **suffixes** ; ci-dessus : *-ence, -tion, -ent, -ude, -aire, -er, -ir, -ement, -té.*

- Le préfixe crée un **composé** :
  ***Port**, sup**port**, trans**port**, re**port**.*
- Le suffixe crée un **dérivé** :
  ***Port**, **port**er, **port**eur, **port**uaire.*

Fréquemment, le mot nouveau est fait d'un radical augmenté d'un préfixe et d'un suffixe :

*Em-**barqu**-er* — *Par-**cour**-ir*
*Re-**mont**-oir* — *Dé-**règle**-ment*

On trouve dans les dictionnaires usuels le tableau des préfixes et des suffixes les plus employés. Ils nous viennent, en majorité, du grec et du latin.

11 – Néologismes

À toute époque, on a ressenti le besoin de faire des mots nouveaux, des **néologismes**, pour exprimer plus nettement une idée, pour désigner un dispositif nouvellement créé, une science nouvelle, un produit industriel. À une innovation, la néologie donne le nom du créateur *(Pernod)*, ou un nom descriptif artificiel *(Moulinette)*, ou associe des noms connus *(aiguise-couteau)*, ou se sert d'éléments latins *(multiforme)* ou grecs *(dactylographie)*.

Les abréviations

L'usage, par mode ou par nécessité, se permet d'abréger des mots en n'en donnant qu'une partie :

M. (Monsieur), *Mme* (Madame), *Mlle* (Mademoiselle), *D^r^* (Docteur), *MM.* (Messieurs), *M^e^* (Maître), *1er*, *2e*, *télé* (télévision), *bus* (autobus), *3 F* (3 francs), *S.V.P.* (s'il vous plaît), *A.-M.* (Alpes-Maritimes).

L'abréviation doit toujours respecter l'usage français :

g (gramme), *gr* (grade) ; *7 h 3 min* (temps), *7° 3′* (angle).

Toutes ces précisions figurent dans les bons dictionnaires.

12 – Mots composés

Les mots composés sont formés de deux ou plusieurs mots associés. C'est un groupe de mots qu'on ne dissocie plus, tantôt soudés *(gendarme, beaucoup, portefeuille)*, tantôt liés par le trait d'union *(avant-poste, va-et-vient)*, tantôt libres *(chemin de fer, pomme de terre, faire savoir)*.

13 – Changement de nature

Dans ce cas, ce n'est plus le mot qui est nouveau, c'est son emploi.
Le nom commun devient nom propre : *Monsieur* ***Maréchal****.*
Le nom propre devient nom commun : *C'est un* ***hercule****.*
L'adjectif devient nom : *La* ***brune*** *qui passe.*

Le nom devient adjectif : *Un ruban **rose**.*
L'adjectif devient adverbe : *Il chante **fort**.*
Le participe devient adjectif : *Vin **estimé** ; voix **caressante**.*
L'adverbe devient adjectif : *La **presque** totalité.*
Le verbe devient préposition : ***Durant** deux ans.*
Etc.

Un même mot pouvant avoir plusieurs natures, c'est le rôle joué dans la phrase, c'est la fonction, qui révèle sa vraie nature. (Voir n° 241.)

14 – Sens propre et sens figuré

Le **sens propre** est le sens primitif et concret d'un mot :

*Une **source** d'eau claire.*
*Le **feu** a détruit la maison.*
*Ce puits est très **profond**.*

Le **sens figuré** (dit aussi métaphore) est l'usage du même mot dans un sens abstrait par comparaison :

*Cet enfant est une **source** de soucis.*
*Il défend sa cause avec **feu**.*
*Un **profond** chagrin.*

15 – Homonymes

Les **homonymes** (mêmes mots) peuvent être :

a) des **homographes** (de même écriture) **homophones** (de même prononciation) :

*Cette **mûre** est **mûre**.*
*J'ai **été** occupé cet **été**.*

b) des **homographes** (de même écriture) **hétérophones** (de prononciation différente) :

*Il **est** de l'est de la France.*
*Les poules du **couvent couvent**.*

c) des **hétérographes** (d'écritures différentes) **homophones** (de même prononciation) :

*La brume s'**étend** sur l'**étang**.*
*Elle ouvrit la **malle** sans **mal**.*

Ce sont surtout les mots de cette dernière catégorie (mots qui, quelle que soit leur écriture, ont la même prononciation) que l'on désigne communément sous le nom d'**homonymes**. Pour l'orthographe, il est nécessaire de bien distinguer les homonymes homophones.

16 – Paronymes

Les **paronymes** sont des mots proches par l'écriture, donc par la prononciation, et que l'on peut confondre :

artérite et *arthrite* | *luxation* et *luxure*
conjoncture et *conjecture* | *rabattre* et *rebattre*

La connaissance du vocabulaire français et, au besoin, la consultation d'un dictionnaire de la langue aident à distinguer ces sortes de mots.

17 – Synonymes

Les **synonymes** sont des mots de même nature dont le sens est très proche :

Adjectifs synonymes : *modeste, humble, réservé, discret, effacé.*
Noms synonymes : *épée, glaive, rapière, sabre, flamberge.*

Verbes synonymes : *regarder, observer, considérer, examiner.*

C'est parmi les synonymes que celui qui veut s'exprimer avec justesse devra choisir le meilleur terme pour traduire sa pensée, car les synonymes ne sont pas exactement équivalents.

18 – Antonymes

Les **antonymes** (ou contraires) sont des mots de même nature et de sens opposé :
Adjectifs contraires : *Clair, foncé. Courageux, timoré.*
Noms contraires : *Jour, nuit. Orgueil, modestie.*
Verbes contraires : *Sortir, entrer. Tirer, pousser.*

19 – Ponctuation

Nous utilisons les signes de ponctuation suivants :

• **Le point.**
C'est un signe fort qui termine une phrase affirmative ou négative :

Il fait beau. Je regarde la foule.

• **Le point d'interrogation.**
On ne l'emploie qu'à la fin des interrogations directes :

Irez-vous aux sports d'hiver ?

Si l'interrogation est indirecte, on ne met que le point ordinaire :

Je voudrais savoir si vous allez aux sports d'hiver.

• **Le point d'exclamation.**
Il marque la fin d'une exclamation (mot, locution ou phrase) :

Ah ! Quelle belle famille !
Comme nous avons été bien reçus !

L'exclamation indirecte se termine par un simple point :

Il nous a dit quel a été le scandale.

• **Les points de suspension.**
Ce sont trois points à la suite qui marquent une interruption, volontaire ou non, de la phrase, de l'énumération, ou un silence dans l'expression :

Nous voudrions... — Je sais ce que vous voulez.
Si j'étais plus sévère, je te dirais que...
Mais je préfère me taire.

• **La virgule.**
C'est un signe faible de ponctuation. Placée à l'intérieur de la phrase, elle sépare des éléments de même nature :

Elle allait, venait, courait en tous sens.
Il sortit de son sac des nouilles, du café, des fruits et une bouteille.

La virgule place à l'écart une proposition incise ou une apposition :

Tu viendras, dit-elle, dès que nous serons installés.
Les coureurs, épuisés, s'étaient assis sur l'herbe.

La subordonnée relative n'est séparée de la principale par une virgule que lorsqu'elle a la valeur d'une proposition circonstancielle :

Le gardien, qui ne nous avait pas entendu venir, fut très surpris.

• **Le point-virgule.**
Ce signe a une valeur intermédiaire entre le point et la virgule :

La maison paraissait un peu petite dans son grand jardin ; mais nous l'aimions telle qu'elle était.

• **Les deux points.**
Ce signe de ponctuation annonce des paroles, une énumération ou une explication :

La maman répéta : « Prends un chapeau. »
Deux partis étaient en présence : les libéraux et les progressistes.
Il ne pourra pas venir : sa mère est malade.

• **Les guillemets.**
Ces signes encadrent une citation :

« On a souvent besoin d'un plus petit que soi », nous dit le fabuliste.

Ou un terme inhabituel, étranger :

Il nous traita de « quémands ».
Ils l'avaient vérifié « de visu ».

• **Les parenthèses.**
Les parenthèses mettent à part une remarque insérée dans le texte principal :

Il a tout emporté (sauf les vêtements).

• **Les crochets.**
Les crochets remplacent les parenthèses dans une phrase déjà entre parenthèses :

(Vous devez vous référer au Bulletin officiel [année 1957] du ministère de la Défense.)

Ils servent aussi à enserrer les prononciations figurées (voir n° 3).

• **Le tiret.**
Le tiret, plus long que le trait d'union, annonce un changement d'interlocuteur :
« Quand pensez-vous venir ? — Pas avant le printemps prochain, à la belle saison. »

Les tirets, comme les parenthèses, encadrent une remarque dans une phrase :
Il faut savoir — et beaucoup l'ignorent — que ce danger est réel.

20 – Signes orthographiques

L'écriture du français utilise des signes orthographiques qui, ajoutés aux lettres ou aux mots, sont importants.

Les accents

• Le **point** se place sur le *i* et le *j* minuscules.

• L'**accent aigu** *(blé, malgré, qualité, sérénité)* ; il se place aussi à la fin du participe passé des verbes du 1er groupe *(chanté, terminé)*. Le mot français qui a le plus d'accents aigus est *h**é**t**é**rog**é**n**é**it**é***.

• L'**accent grave** se place sur le *e* avant une syllabe muette *(père, nièce, thème, lisière, crème)*. On le trouve dans la conjugaison de certains verbes *(j'espère, tu achètes, il lève)*, sur le *a* final des mots ***à***, *ç**à***, *deç**à***, *del**à***, *déj**à***, *hol**à***, *l**à***, *voil**à*** et sur le *u* du pronom *o**ù***.

• L'**accent circonflexe**, qui peut coiffer *a, e, i, o, u*, indique un allongement de son *(**â**ge, r**ô**le,*

brûler, traître) ou remplace un *s* disparu *(hôpital, forêt, bâtir s'écrivaient autrefois* ***hospital, forest, bastir****).* Il apparaît dans certains temps *(qu'il fût, nous chantâmes).*
• Le **tréma** sépare deux voyelles *(haïr, Noël, un cri aigu, une voix aiguë, ambiguïté).*

Les autres signes

• La **cédille** se place sous le *c* pour le faire siffler devant *a, o, u (çà, agaçant, soupçon, François, il reçut, gerçure).* Ce signe est inutile devant *e* ou *i (remercier, Francis,* ***ceci****).*
• L'**apostrophe** remplace *e, a, oi,* quand on fait l'élision de ces phonèmes *(j'aime, l'abeille, donne-m'en, l'oreiller, entr'égorger).*
• **Le trait d'union** relie les éléments d'un mot composé *(chasse-neige, arc-en-ciel, un match France-Belgique)* et marque l'inversion *(levez-vous, dites-le-lui, vient-il ?).* Ce signe se met aussi en fin de ligne pour signaler l'inachèvement d'un mot coupé.

21 – Syntagmes

Grammaticalement, chaque mot, chaque groupe de mots, chaque expression, chaque proposition a son rôle, plus ou moins important, à jouer dans la phrase et dans le discours. Le groupe de mots dont les éléments sont solidaires est appelé un **syntagme**.

Les principaux syntagmes sont :
a) le groupe nominal :

Un bac à fleurs	*Les agents de maîtrise*
Le vin à soutirer	*Tous les pères de famille*
Un spectacle étonnant	*La terrible saison des pluies*

Le plus beau tableau qu'il m'a été donné de contempler.

b) le groupe verbal :

Viens	*J'aurai bientôt terminé.*
Avoir soin	*Ils s'étaient rencontrés.*
Tu feras savoir	*Elles prendront fait et cause.*
S'en mordre les doigts	*Tu aurais fini tout de suite.*

LES NOMS

22 – Nom et équivalents du nom

Les **noms** (ou substantifs) désignent les personnes, les animaux et les choses — objets ou idées dont nous avons connaissance.

D'autres mots ou groupes de mots peuvent jouer le rôle du nom. La souplesse de la langue nous autorise à employer substantivement des termes variés : il suffit de les faire précéder de l'article ou d'un autre déterminant. Fournissent des noms :

• le participe présent	*un ruminant*
• le participe passé	*le fiancé*
• l'adjectif	*un fort, du rouge*
• le verbe	*le savoir*

Les mots invariables fournissent des noms invariables :

• l'adverbe	*les oui*
• la préposition	*le pour et le contre*
• l'interjection	*mettre le holà*

Beaucoup de groupes nominaux peuvent devenir des noms : *le tapis du salon, un corps d'infanterie, un bon à rien, des m'as-tu-vu, une R 5.*

23 – Genre des noms (masculin et féminin)

Il y a, en français, deux genres pour les noms : le masculin et le féminin.

Le **masculin** est déterminé par les articles { *le, un*

Le **féminin** est déterminé par les articles { *la, une*

Le féminin peut découler du masculin *(ouvrier, ouvrière)* ou être différent *(cheval, jument).*

Le genre peut servir à distinguer des noms différents :

***Un** livre d'images.* ***Une** livre de tomates.*

Le genre de quelques noms dépend de leur emploi :

*Des **gens** courageux.* (masculin)

*Des vieilles **gens**.* (féminin)

Pour ces noms (spécialement : *amour, délice, enfant, foudre, gens, hymne, œuvre, orge, orgue, période*), il sera bon de se référer au dictionnaire.

24 – Nom sans féminin

Certains noms n'ayant pas fourni de féminin nous forcent à des tournures curieuses comme : ***Madame le juge. Elle est mon professeur.***

Il en est ainsi pour :

amateur	*détracteur*	*maire*	*sauveur*
auteur	*écrivain*	*médecin*	*successeur*
censeur	*imposteur*	*prédécesseur*	*témoin*
chef	*magistrat*	*professeur*	*vainqueur…*

25 – Genre douteux

Sont masculins			Sont féminins	
agrume	*emblème*	*météore*	*acné*	*gîte de navire*
ambre	*esclandre*	*naphte*	*ammonia-que*	*glaire*
amiante	*exode*	*neurone*	*amnistie*	*horloge*
antre	*granule*	*obélisque*	*ana-gramme*	*icône*
aphte	*haltère*	*ovale*	*anse*	*interview*

apogée	*hémi-sphère*	*pétale*	*apostrophe*	*mappe-monde*
appendice	*indice*	*plani-sphère*	*arrhes*	*météorite*
armistice	*insigne*	*poulpe*	*azalée*	*oasis*
arpège	*intermède*	*rail*	*campanule*	*ocre*
astérisque	*ivoire*	*sépale*	*chausse-trappe*	*orbite*
camée	*jade*	*solde commercial*	*écritoire*	*panacée*
chistera	*jujube*	*tentacule*	*encaus-tique*	*prémices*
chrysan-thème	*légume*	*termite*	*entrecôte*	*primeur*
colchique	*lignite*	*trille*	*épigramme*	*réglisse*
éclair	*mausolée*	*tubercule*	*épigraphe*	*trémie*
effluve	*méandre*	*viscère*	*épithète*	*vésicule*

26 – Nombre des noms (singulier et pluriel)

Le **singulier** désigne un seul être ou une seule chose :

Le piquet, sa voiture, la tendresse.

Le **pluriel** désigne plusieurs êtres ou plusieurs choses :

Les arbres, des piétons, vos griefs.

Certains noms au singulier ont une valeur de pluriel ; ce sont les **noms collectifs** :

La population, son équipe, une douzaine.

Des noms n'ont pas de singulier *(funérailles, mœurs, arrhes)* ; d'autres n'ont pas de pluriel *(encontre, goguette).*

Le pluriel des noms se marque généralement par un s :

*Une robe, des robe**s**, de belles robe**s**.*

À moins que le nom ne se termine déjà au singulier par *s, x* ou *z*, ce qui le rend invariable :

*Un colis, des coli**s**.*

*Une noix, des noi**x**.*

*Un gaz, des ga**z**.*

27 – Pluriels spéciaux

• **Noms en *-ou***. Prennent un ***x*** au pluriel les sept noms : *bijou, caillou, chou, genou, hibou, joujou, pou.*
Les autres noms prennent un ***s*** : des verrou**s**, des voyou**s**.
Nota. L'usage se montre quelquefois illogique : le pluriel de *chouchou (des chouchous)* diffère de celui de *chou (des choux)* et le pluriel de *ripou* (équivalent de *pourri* en verlan) hésite entre *ripou**s*** et *ripou**x***.

• **Noms en *-ail***. Ont le pluriel en ***-aux*** les noms suivants : *aspirail, bail, corail, fermail, frontail, gemmail, soupirail, vantail, ventail, vitrail.*
On dit : *des émaux* (pièces cuites au four) et *des émails* (peintures, vernis séchant à l'air) ; *des travaux* (ouvrages) et *des travails* (appareils servant à immobiliser des animaux) ; *des ails* (pluriel actuel) ou *des aulx* (ancien pluriel).
Bercail et *bétail* n'ont pas de pluriel.
Les autres noms en *-ail* ont le pluriel avec un ***s*** : *des éventail**s***.

• **Noms en -*al***. Les noms terminés par *-al* ont le pluriel en ***-aux*** : *un piédestal, des piédest**aux***. Les noms suivants font exception avec un pluriel ordinaire en **-s** : *aval (bancaire), bal, bancal (sabre), cal, cantal, caracal, carnaval, cérémonial, chacal, choral, copal, corral, emment(h)al, festival, final, galgal, gavial, gayal, kursaal, mistral, nasal, nopal, pal, récital, régal, rorqual, santal, séroual, serval, sisal, trial, véronal.*
Ont les deux pluriels : *étal, idéal, val.*
On dit : *des fers à cheval, des fils d'archal.*

• **Noms en -*eu***. Les noms terminés par *-eu* prennent un **x** au pluriel *(des épieux)*, sauf : *bleu, émeu, enjeu, lieu* (poisson) et *pneu* qui prennent un **s** *(des pneu**s**)*.

• **Noms en -*au***. Les noms terminés par *-au* prennent un **x** au pluriel *(des tuyau**x**, des tonneau**x**)*, sauf *cheau, landau, sarrau, unau (des landau**s**)*.

28 – Quelques pluriels particuliers

Les aïeux (les ancêtres) ; *les aïeuls* (les grands-parents).
Les cieux (espace céleste) ; *les ciels* (de lit, de tableaux, de la météorologie).
Les yeux (organes de la vue) ; *les œils-de-bœuf* (fenêtres), *les œils-de-perdrix* (cors aux pieds)…

Le nom *témoin*, qui a son pluriel avec *s*, doit rester au singulier au début d'une phrase *(**Témoin** les blessures du pauvre homme)* ou dans l'expression « à témoin » *(Elle prit les passants **à témoin**)*.

Pour certains noms, le sens diffère selon qu'on les emploie au singulier ou au pluriel : *une lunette, des lunettes ; un ciseau, des ciseaux.*

29 – Noms composés

Le **nom composé** est formé de plusieurs mots réunis :

Madame, entracte, contretemps.
Pomme de terre, compte courant.
Cache-nez, chef-d'œuvre, coq-à-l'âne.

Pluriel des noms composés. S'ils s'écrivent en un seul mot, on ne met qu'un *s* final *(des entractes, des portefeuilles)*, sauf pour : *bonhomme* (des bonshommes), *gentilhomme* (des gentilshommes), *madame* (mesdames), *mademoiselle* (mesdemoiselles), *monseigneur* (messeigneurs), *monsieur* (messieurs).
Pour le pluriel des autres noms composés, on doit s'attacher au sens en observant que, de leurs éléments, seuls le nom et l'adjectif peuvent varier, alors que verbe, adverbe et préposition restent invariables. Ainsi :

des oiseaux-mouches (nom + nom)
des hauts-fonds (adj. + nom)
des clairs-obscurs (adj./nom + adj.)
des tire-bouchons (verbe + nom)
des avant-goûts (prép. + nom)
des nouveau-nés (adv. + nom)
des va-et-vient (verbe + conj. + verbe)
des fourre-tout (verbe + pronom)

Si le second nom de l'ensemble est complément du premier, il reste invariable : *des chemins de fer, des chefs-d'œuvre ; des timbres-poste* (timbres pour la poste) ; *des abat-jour, des pèse-lait.* On écrira : *des coq-à-l'âne, des tête-à-tête, des pot-au-feu* (pour qu'un *s* ne vienne pas changer la prononciation) ; mais aussi : *une bête à cor**nes**, une boîte de vitesse**s**.*

En somme, avec le sens, l'usage dicte sa loi et le recours au dictionnaire est souvent utile.

30 – Noms communs et noms propres

Le **nom commun** désigne tous les êtres, toutes les choses de même espèce :

Un chat, un fusil, des maisons.

Le **nom propre** est la propriété d'un être ou d'une chose. Il se distingue par l'initiale majuscule :

Antoine, Rubens, la Castille, l'Escaut, une Renault.

Au pluriel, restent invariables les noms propres qui désignent des marques déposées *(des Bottin)*, des œuvres d'art *(des Raphaël, des Watteau)*, des familles *(les Martin, les Duval)*, sauf s'il s'agit de l'ensemble des membres d'une illustre famille *(les Bourbon**s**, les Stuart**s**)*.

31 – Noms concrets et noms abstraits

Le **nom concret** est celui qui désigne un être ou une chose perçus par nos organes des sens :

Le cordonnier, du savon, une mélodie, un parfum.

Le **nom abstrait** est celui qui désigne un être ou une chose qui n'existe que dans notre esprit et non sous forme d'objet :

La timidité, la réflexion, le progrès.

32 – Noms étrangers

Les noms qui viennent de langues étrangères passent généralement dans notre langue sous leur graphie d'origine :

Un bersagliere, des bersaglieri.
Un Land, des Länder.
Un clergyman, des clergymen.
Un conquistador, des conquistadores.
Des Ave. Des five o'clock.

Si l'usage s'en prolonge, le français les assimile et ces mots suivent les règles du français, spécialement pour les accents et le pluriel :

*Des m**é**mento**s**, des touareg**s**, des ticket**s**, des mus**é**um**s**.*

33 – Fonctions du nom

Le nom (ou le groupe nominal) joue un rôle essentiel dans la phrase. Il peut être :
• sujet du verbe : *Les **camions** roulent.*
• attribut du sujet : *Son frère est **charcutier**.*
• attribut du complément d'objet : *On le nomma **caporal**.*
• complément d'objet du verbe :
  a) direct : *L'enfant suce son **pouce**.*
  b) indirect : *Elle a profité de mon **absence**.*
• complément d'attribution du verbe : *Il offre une fleur à sa **maman**.*
• complément d'agent du verbe passif : *La carriole est traînée par **l'âne**.*
• complément circonstanciel du verbe :
*Il couche dans un **hamac*** (lieu).
*Vous mangez comme un **moineau*** (comparaison).
*On les condamna pour leurs **opinions*** (cause).

Vous le découperez à la ***scie*** (moyen).
etc.

- complément du nom : *Des fruits à* ***noyau***.
- complément du pronom : *Ceux du* ***voisin***.
- complément de l'adjectif : *Rouge de* ***honte***.
- placé en apposition, en apostrophe, etc.

On trouvera d'autres cas, d'autres exemples, au chapitre « Fonctions grammaticales », n°s 199 à 241.

34 – Accords à respecter avec un syntagme comportant un complément de nom (ou complément de détermination)

Le plus souvent, c'est le nom complété (le premier) qui commande l'accord :

Les disciples *du prophète* ***s'étaient dispersés***.

Le panier *de pommes* ***est lourd***.

Cela se produit notamment lorsque le nom complété est un collectif déterminé par l'article défini *(le, la, les, l')* ou par un adjectif déterminatif comme les démonstratifs *(ce, cet, cette, ces)* ou les possessifs *(mon, ton, son, ma, mes...)* :

La majorité *des délégués se* ***leva***.

Le plus grand nombre *des enfants* ***fut sauvé***.

Mais on observe :

1) qu'après : *beaucoup de, nombre de, peu de, la plupart de, quantité de, une espèce de, une sorte de,* c'est le complément qui commande l'accord :

Une espèce de ***nain*** *se cachait,* ***apeuré***.

Quantité de ***nageurs abandonnèrent***.

La plupart ***des passants s'arrêtaient***.

2) qu'après : *un certain nombre de, un des, un grand nombre de, un petit nombre de,* ou après un nom collectif précédé de *un* ou *une,* l'accord dépend de l'intention de celui qui écrit :

C'est ***un*** *des captifs qui* ***s'est échappé****.*
C'est un ***des captifs*** *qui* ***se sont échappés****.*
(Le sens n'est pas le même.)

Une dizaine *d'œufs* ***a été cassée****.*
*Une dizaine d'****œufs ont été cassés****.*
(Le sens est le même.)

LES ARTICLES
ET LES ADJECTIFS

Les articles

35 – Catégories

L'**article** est un mot variable qui se place devant le nom dont il annonce le genre et le nombre. C'est le principal déterminant du nom.

	simples	*le, la, les*
Articles définis	contractés	*au, aux, du, des*
	élidé	*l'*
Articles indéfinis	normaux	*un, une, des, de*
	élidé	*l'*
	normaux	*de la, des, de*
Articles partitifs	contractés	*du*
	élidés	*de l', d'*

36 – Articles définis

***Le** cheval, **la** vache, **les** moutons et **l'**agneau se reposent.*

Les articles définis contractés contiennent une préposition et un article :

au = *à le* **du** = *de le*
aux = *à les* **des** = *de les*

*Mariage **de la** trapéziste et **du** jongleur.*
*Je vais **à la** mairie et **au** bureau de poste.*

Ces articles définis *(au, aux, du, des)* ont donc valeur de préposition. Lorsqu'il est amené par ces mots, le complément d'objet est indirect :

L'argent contribue au ***bonheur****.*

Il se félicite du ***succès*** *obtenu.*

L'article élidé **l'** remplace *le* ou *la* devant une voyelle ou un *h* muet :

L'homme a été piqué par ***l'****abeille.*

On ne fait pas l'élision devant les mots suivants : *onze, onzième, oui, uhlan, ululer, ululement (***le*** onzième)* et devant les noms étrangers commençant par *y* (*yaourt, Yémen,* etc.).

37 – Articles indéfinis

Un, une sont **articles indéfinis** quand ils ne marquent pas nettement un nombre :

Avez-vous ***un*** *vélo ?*

Le Havre est ***un*** *port important.*

De (et *d'*) est article indéfini dans les phrases négatives :

Il n'achètera pas ***de*** *bateau.*

Je ne veux pas planter ***d'****arbres ici.*

ou lorsque le nom est précédé d'un adjectif :

Il obtient ***de*** *beaux melons.*

Ces articles *(de, d')* deviennent *un* ou *une* au singulier :

De *larges flaques d'eau coupaient la route.*

(Une large flaque d'eau...)

Des, indéfini, signifie « plusieurs » :

Hier, nous avons cueilli ***des*** *pommes.*

38 – Articles partitifs

Ces articles servent à désigner une portion, une partie d'un ensemble :

*Prends **du** raisin et **de la** confiture.*

De, d' sont articles partitifs quand ils sont mis à la place de *du, de la, des*, d'habitude dans une phrase négative :

*Il boit **du** lait. Il ne boit pas **de** lait.*

*Elle n'admet pas **de** murmures.*

*Vous ne servirez **de** sauce que juste ce qu'il faut.*

***D'**arbres abattus, je n'en ai pas vu.*

Dans les articles indéfinis et partitifs, la valeur prépositive du mot *de* est effacée, le complément d'objet qui suit est direct :

*Nous avons vu d'**immenses troupeaux**.*

*Il récolte de la **mousse** et du **varech**.*

39 – Fonction des articles

L'article se rapporte au nom qui le suit.

Les adjectifs

40 – Notion. Espèces

L'**adjectif** est adjoint au nom.

On peut distinguer :

a) les **adjectifs déterminatifs** : possessifs, démonstratifs, numéraux cardinaux, relatifs, indéfinis, interrogatif et exclamatif ;

b) les **adjectifs qualificatifs** et **numéraux ordinaux.**

41 – Adjectifs qualificatifs

L'**adjectif qualificatif** exprime une qualité, une manière d'être de l'objet ou de l'être nommé :

*Un **vieux** château. Des figures **tristes**.*

L'adjectif qualificatif est si utile qu'on se sert aussi dans cet emploi :
• de noms : *un chapeau **mode**, un manteau **tabac**, il est **sport** ;*
• de participes présents : *une truite **méfiante**, un garçon **charmant**, ils sont **touchants** ;*
• de participes passés : *des taureaux **excités**, un air **penché**, elles sont **servies** ;*
• d'adverbes : *ce garçon est **bien**, ton devoir est **mal**.*
Le participe présent employé comme adjectif qualificatif est nommé **adjectif verbal** (voir n°s 115 et 116).
Il existe aussi des locutions adjectives (*de rechange, à la bonne franquette, dans le vent, sur mesure, à claire-voie, de pure forme*, etc.) qui sont invariables :

*Des murs **de guingois**. Ces jeunes gens sont **fleur bleue**.*

42 – Féminin des adjectifs qualificatifs

On forme le féminin de la plupart des adjectifs qualificatifs en ajoutant un ***e*** au masculin *(fort, forte)*. Il en est de même pour les adjectifs verbaux *(souriant, souriant**e**)* et les participes-adjectifs *(modéré, modéré**e**)*. Naturellement, ceux qui se terminent déjà par un *e* ne varient pas *(animal féroce, bête féroce)*.
• Le masculin en *-f* donne un féminin en *-**ve*** *(vif, vi**ve** ; neuf, neu**ve**)*.

• Le masculin en *-**x*** donne un féminin en *-**se*** *(furieux, furieu**se**)*.
• Le masculin en *-**er*** donne un féminin en *-**ère*** *(entier, enti**ère**)*.
• Le masculin en *-**gu*** donne un féminin en *-**guë*** *(aigu, ai**guë** ; des voix ai**guës**)*. Il s'agit des adjectifs : *aigu, ambigu, bégu, contigu, exigu, subaigu, suraigu.*
• Les masculins en *-**el**, -**eil**, -**en**, -**on*** donnent des féminins en *-**elle** ; -**eille**, -**enne** -**onne*** *(solenn**elle**, solenn**elle** ; vermeil, verm**eille** ; moyen, moy**enne** ; mignon, mign**onne**)*.
• Les adjectifs en *-**et*** ont le féminin :
a) en *-**ète*** pour : *complet, concret, désuet, discret, incomplet, indiscret, inquiet, quiet, replet, secret (une personne discr**ète**)* ;
b) en *-**ette*** pour tous les autres *(coquet, coqu**ette**)*.
• Les adjectifs en *-**eur*** ont le féminin :
a) en *-**eure*** pour : *antérieur, citérieur, extérieur, inférieur, intérieur, majeur, meilleur, mineur, postérieur, supérieur, ultérieur (une fille min**eure**)* ;
b) en *-**euse*** (en général lorsque la racine de l'adjectif est analogue à celle du verbe) : *trompeur (tromp-er), tromp**euse*** ;
c) en *-**ice*** : *conducteur, conduct**rice**.*

43 – Adjectifs dont le féminin est exceptionnel

Les adjectifs dont le féminin fait exception aux règles précitées sont :

ammoniac, ammoniaque
andalou, andalouse
bas, basse
gros, grosse
hébreu, hébraïque
jumeau, jumelle

beau (ou *bel*), *belle*
bellot, bellotte
bénin, bénigne
blanc, blanche
boulot, boulotte
caduc, caduque
chasseur, chasseuse
(ou *chasseresse* en poésie)
coi, coite
doux, douce
enchanteur, enchanteresse
épais, épaisse
esquimau, esquimaude
exprès, expresse
faux, fausse
favori, favorite
fou (ou *fol*), *folle*
frais, fraîche
franc, franque
(relatif aux Francs)
franc, franche
(qui a de la franchise)
gentil, gentille
gras, grasse
grec, grecque
laïc (ou *laïque*), *laïque*
las, lasse
long, longue
maigriot, maigriotte
malin, maligne
métis, métisse
mou (ou *mol*), *molle*
nouveau (ou *nouvel*), *nouvelle*
nul, nulle
oblong, oblongue
pâlot, pâlotte
profès, professe
public, publique
rigolo, rigolote
roux, rousse
salaud, salope
sauveur, salvatrice
sec, sèche
sot, sotte
tiers, tierce
traître, traîtresse
turc, turque
vengeur, vengeresse
vieillot, vieillotte
vieux (ou *vieil*), *vieille*

Les adjectifs *bel, fol, mol, nouvel, vieil* ne s'emploient qu'au masculin singulier et pour éviter un hiatus *(un beau garçon, un bel enfant)*.

44 – Pluriel des adjectifs qualificatifs

En général, le pluriel se marque par un ***s*** : *un ami sûr, des amis sûrs.*

• Adjectifs en *-**al*** :
a) Ont le pluriel en *-**als*** : *bancal, fatal, final, glacial, marial, natal, naval, tonal* et *banal* (au

sens actuel de : *commun, ordinaire*). *Des chantiers navals.*
b) Ont les deux pluriels *(-**als**, -**aux**)* : *austral, boréal, choral, idéal, jovial, pascal, prénatal, tribal.*
c) N'ont qu'un pluriel féminin *(-**ales**)* : *causal, médial.*
d) Ont le pluriel en *-**aux*** : tous les autres, très nombreux, et, parmi eux, *banal* (au sens de *féodal*). *Des voyages triomph**aux**.*

• Adjectifs en *-**eu** :*
Il y a trois adjectifs terminés par *-eu : bleu* (pl. : *bleus*) ; *hébreu* (pl. : *hébreux*) ; *feu*, qui prend un *e* au féminin et un *s* au pluriel à condition qu'aucun mot ne le sépare du nom.

Les feus rois, la reine feue. Feu la reine, feu mes ancêtres.

45 – Adjectifs désignant des couleurs

Les adjectifs suivants s'accordent avec le nom : *alezan, bai, beige, bis, blanc, bleu, blond, brun, châtain, écarlate, fauve, glauque, gris, incarnat, jaune, mauve, noir, pers, pourpre, rose, rouan, rouge, roux, vermeil, vert, violet :*

*Des rubans **mauves**. Une jument **baie**.*

Les noms adjectivés servant de référence à des couleurs et les locutions désignant des couleurs sont invariables :

*Des rubans **olive**, **saumon**, **orange**, **crème**, **tilleul**,* etc.
*Des uniformes **bleu horizon**, **brun clair**.*
*Des robes **vert olive**, **bleu de nuit**.*

46 – Adjectifs invariables

Certains adjectifs qualificatifs ne s'accordent pas avec le nom. Ce sont :

• Les **noms employés adjectivement** :

Des fauteuils ***Régence****. Des ailes* ***delta****.*

• Les **locutions adjectives** :

Des meubles ***d'occasion****. Des discussions* ***terre à terre****.*

• Les **locutions latines** :

Des citations « ***in extenso*** *». Des reconnaissances «* ***de jure*** *».*

• Les **adjectifs du registre populaire** :

Elles sont ***raplapla****. Des garçons* ***rétro****.*

• Les **adjectifs étrangers** non assimilés par le français :

Les populations ***quechua****.*

Adjectifs employés comme adverbes : voir n° 135 f.

47 – Fonctions de l'adjectif qualificatif

• L'adjectif qualificatif est dit **épithète du nom** quand il le qualifie directement :

Un ***riche*** *fermier. Des maisons* ***vétustes****.*

• Il est dit **attribut du sujet** quand un verbe le rattache au nom ou au pronom sujet :

Son frère est ***jeune****. Petit poisson deviendra* ***grand****.*

• Il est quelquefois placé **en apposition au nom** ou **au pronom** :

__Jeune__, Perrette marchait d'un pas alerte.
(apposition à *Perrette*)

Elle allait, __insouciante__, vers le marché.
(apposition à *elle*)

48 – Degrés de signification de l'adjectif qualificatif

L'adjectif qualificatif peut être employé :

1) au positif (sans adverbe ou avec un adverbe sans grand relief) : *Paul est __habile__. Sa sœur est __presque aveugle__.*

2) au comparatif
• de supériorité : *René est __plus jeune que__ Pierre.*
• d'égalité : *Claudette est __aussi grande que__ Fabrice.*
• d'infériorité : *Antoine est __moins fort que__* Philippe.
Le second terme est complément de l'adjectif au comparatif :

Ce loup rencontre un dogue aussi puissant que __beau__.
(La Fontaine, *Fables*, I, 5)

3) au superlatif relatif (en comparaison)
• de supériorité : *Luce est __la plus grande__ des trois filles.*
• d'infériorité : *Jean-Pierre est __le moins déluré__ de tous.*

Le dernier terme est complément de l'adjectif au superlatif. Il est quelquefois omis :

Prenez l'outil le moins lourd. (sous-entendu : de tous les outils disponibles)

4) au superlatif absolu (sans comparaison)
• de supériorité : *Guy est* ***très musclé.***
• d'infériorité : *Robert est* ***très peu musclé.***

5) au superlatif absolu progressif
• de supériorité : *Il est* ***de plus en plus fort.***
• d'infériorité : *Il est* ***de moins en moins fort.***

49 – Adjectifs possessifs

mon	*ma*	*mes*	*notre*	*nos*
ton	*ta*	*tes*	*votre*	*vos*
son	*sa*	*ses*	*leur*	*leurs*

Sa *voiture est en panne.*
Ils ont pris ***leurs*** *parapluies.*

Les formes anciennes (*un* ***mien*** *cousin*) ne sont plus guère employées.
Devant un nom féminin commençant par une voyelle ou un *h* muet, on emploie les adjectifs possessifs *mon, ton, son* au lieu de *ma, ta, sa* : ***Son*** *habitude.* **Mon** *erreur.*
Parallèlement aux emplois spéciaux du pronom personnel (voir n° 63), on dit :

Nous, roi, pour le bien de ***nos*** *sujets, décidons...*
Madame, vous oubliez ***votre*** *parapluie.*
Votre Excellence n'a pas lu ***son*** *courrier.*

On fait quelquefois l'économie de l'adjectif possessif lorsqu'il n'y a pas de confusion possible :

Il a mal à ***la*** *tête et courbe* ***le*** *dos.*
En son âme et conscience.

50 – Adjectifs démonstratifs

Simples	*ce*	*cet*	*cette*	*ces*
Renforcés	*ce... -ci* *ce... -là*	*cet... -ci* *cet... -là*	*cette... -ci* *cette... -là*	*ces... -ci* *ces... -là*

L'adjectif *cet* remplace *ce* devant une voyelle ou un *h* muet :

Cet *âge est sans pitié.* (La Fontaine, *Fables*, IX, 2)

Les adverbes *ci* et *là*, ajoutés aux formes renforcées, précisent le sens de l'adjectif démonstratif :

- *ci* indiquant l'objet proche ou qui va être cité,
- *là* indiquant l'objet éloigné ou déjà cité :

*Ce livre-****ci****. Ce chemin-****là****.*

On n'emploie plus que dans le style notarial les formes anciennes : *ledit, ladite, lesdits, lesdites ; audit, auxdits, auxdites ; dudit, desdits, desdites.*

Lesdites *parcelles sont rattachées à la succession.*

51 – Adjectifs possessifs-démonstratifs

D'un emploi assez rare, ils sont formés par l'adjonction des adverbes *-ci* et *-là* aux adjectifs possessifs :

mon... -ci *mon... -là*	*ma... -ci* *ma... -là*	*mes... -ci* *mes... -là*	...

Notre *voisin-****ci*** *est moins bavard que* ***notre*** *voisin-****là****.*

52 – Adjectifs numéraux

Cardinaux	*zéro, un, deux, trois, quatre, cinq...*
Ordinaux	*premier, deuxième, troisième, quatrième...*

*Les **sept** arbres du jardin.*
*Le **vingt-cinquième** wagon.*

53 – Autres adjectifs numéraux

Outre les adjectifs numéraux cardinaux et ordinaux, on observe :

a) des **adjectifs ordinaux anciens :** *prime, second, tiers, quart, quint (La **seconde** journée. Une **tierce** personne.)* ;
b) des **adjectifs multiplicatifs** : *simple, double, triple, quadruple... (des **triples** rations)* ;
c) un **adjectif fractionnaire** : *demi (un **demi**-litre).*

Les autres adjectifs dans lesquels intervient un élément numéral (*binaire, secondaire, centenaire, quinquennal, tricolore,* etc.) sont à ranger simplement dans les adjectifs qualificatifs.

54 – Accord des adjectifs numéraux

1) Adjectifs cardinaux. Ils sont invariables en principe, sauf ***un*** (qui devient *une* au féminin), ***vingt*** et ***cent*** (qui prennent un *s* lorsqu'ils sont multipliés par un nombre qui les précède et ne sont pas immédiatement suivis d'un autre adjectif numéral) :

Des huit. Trois cents. Trois cent douze. Cent vingt.
Quatre-vingts. Quatre-vingt-un. Cinq mille francs.

2) **Adjectifs ordinaux**. Ils s'accordent avec le nom : *les* ***premiers*** *clients*.
Quand un adjectif cardinal écrit en lettres est employé avec le sens ordinal, il devient invariable :

Page ***quatre-vingt****. L'an* ***treize cent****.*

3) **Adjectif fractionnaire**. L'adjectif ***demi*** est invariable devant un nom *(des* ***demi****-cercles).* Il se met au féminin après un nom féminin (*trois heures et* ***demie***).

On remarquera en outre que les mots suivants sont des noms variables : *millier, million, milliard, billion...* ; *huitaine, dizaine, douzaine...* ; *moitié, tiers, quart, cinquième...* (en fractions).

55 – Fonctions des adjectifs numéraux

L'adjectif numéral cardinal se rapporte au nom *(les* ***huit*** *jours).*
Les autres adjectifs numéraux sont épithètes du nom *(le* ***troisième*** *volume).*

56 – Adjectifs relatifs

lequel, auquel, duquel
laquelle
lesquels, auxquels, desquels
lesquelles, auxquelles, desquelles

Ces adjectifs se rapportent au nom :

Auquel *cas le prévenu doit être déféré devant la cour.*

57 – Adjectifs indéfinis

aucun	*l'un et l'autre*	*quel*
aucun autre	*l'un ou l'autre*	*un quelconque*
autre	*maint*	*quelque*
certain	*même*	*quelque autre*
chaque	*ni l'un ni l'autre*	*tel*
d'autre	*n'importe quel*	*tel et tel*
différents	*nul*	*tel ou tel*
Dieu sait quel	*nul autre*	*tout*
divers	*on ne sait quel*	*un certain*
d'un ou d'autre	*pas un*	*un dénommé*
je ne sais quel	*plusieurs*	*un nommé*

***Nulle** personne n'est entrée.*
***Certain** jour, pour **je ne sais quelle** raison.*

Ces adjectifs sont variables en genre et en nombre, sauf *chaque* et *plusieurs*. L'adjectif indéfini *différents* ne peut varier qu'en genre.
Quelques-uns de ces mots peuvent être adjectifs qualificatifs (*Elle est **quelconque**. J'en suis **certain**.*) ou pronoms indéfinis (***Nul** ne doit sortir.*).

58 – Adjectifs indéfinis de quantité

assez de	*le plus possible de*	*quantité de*
autant de	*le moins possible de*	*suffisamment de*
autrement de	*moins de*	*tant de*
beaucoup de	*moult*	*tant soit peu de*
bien plus de	*nombre de*	*tellement de*
davantage de	*on ne peut plus de*	*terriblement de*
énormément de	*pas mal de*	*trop de*
force	*peu de*	*un peu de*
infiniment de	*plus de*	*trop peu de*

La plupart de ces adjectifs sont issus d'adverbes. Ils précèdent le nom dont ils sont l'épithète et sont reliés à lui (sauf *force* et *moult*) par un « de » explétif, à nuance partitive quelquefois.

Beaucoup de *personnes s'étaient fait excuser.*
Il lui donne ***force*** *coups de pied.*

Certains de ces adjectifs peuvent être renforcés : *bien autrement de, beaucoup trop de, très peu de,* etc.

59 – Fonctions des adjectifs indéfinis

Les adjectifs indéfinis peuvent être :

a) épithète du nom :

Aucun *bruit ne sortait de là.*
Nous avons eu ***très peu de*** *volontaires.*

b) épithète d'un pronom :

Tout *cela ne vaut rien.*

c) attribut du sujet :

Quels *que soient les arguments.*

60 – Adjectif interrogatif ou exclamatif

Quel est le seul adjectif interrogatif ou exclamatif. Il varie en genre et en nombre avec le nom ou le pronom auquel il se rapporte.

Quels *fruits achetez-vous ?* (épithète de *fruits*)
Quelle *est la surface du jardin ?* (attribut de *surface*)
Quel *est-il ?* (attribut de *il*)
Quelle *histoire !* (épithète de *histoire*)
Tu n'as pas su ***quelles*** *atroces douleurs*
furent les siennes.
(épithète de *douleurs* ; l'exclamation est indirecte)
Quel *sera son bonheur de le retrouver !*
(attribut de *bonheur*)

LES PRONOMS

61 – Notion

Le **pronom** est mis pour le nom.
Le pronom a les fonctions du nom.

62 – Pronoms personnels

1re personne	**je, me, moi, nous**
2e personne	**tu, te, toi, vous**
3e personne	**il, ils, elle, elles** **le, la, les, lui, leur, eux** **se, soi, en, y**

Les pronoms *moi, nous, toi, vous, lui, elle, eux, soi* sont quelquefois renforcés par « même(s) » :

*Il est venu **lui-même**.*

Les pronoms *je, me, te, se, le, la* s'élident devant un verbe commençant par une voyelle ou un *h* muet et devant les pronoms *en* et *y* :

J'habite là. Nous l'y trouverons.

Les pronoms *moi* et *toi* s'élident devant les pronoms *en* et *y*, après un impératif : *Donne-***m'***en.*

63 – Emplois spéciaux du pronom personnel

Il arrive qu'un pronom personnel au pluriel exprime le singulier :

a) par autorité : ***Nous****, prince,* ***assuré*** *que* ***nous sommes*** *de leur fidélité,* ***ordonnons*** *pour le bien de* ***nos*** *sujets que…*

b) par tradition littéraire : ***Nous*** *sommes* ***sûr*** *que* ***nos*** *lecteurs…*

c) par courtoisie : ***Vous*** *êtes, madame, élégante avec* ***votre*** *chapeau.*

d) par familiarité : ***Nous*** *serons bien* ***sage****, n'est-ce pas ? dit papa.*

On remarquera l'emploi parallèle des adjectifs possessifs dans ces cas-là (voir n° 49).

64 – Pronoms personnels neutres

Le pronom personnel, s'il remplace un nom déterminé par un article ou un adjectif déterminatif, s'accorde avec ce nom :

Êtes-vous ***l'****infirmière ? — Je* ***la*** *suis.*

Mais les pronoms *le, en, y* sont neutres et invariables lorsqu'ils remplacent un nom indéterminé, un adjectif, un pronom, un infinitif ou une proposition :

Êtes-vous infirmière ? — Je ***le*** *suis.*
Ces arbres sont beaux et les autres ***le*** *seront aussi.*
Sortez si vous ***le*** *pouvez.*
*Il fait froid, je m'****en*** *suis aperçu.*
*C'est très difficile, pensez-****y****.*

65 – Pronoms personnels réfléchis

On appelle **pronoms réfléchis** les pronoms *me, moi, te, toi, se, soi, nous, vous,* quand ils rappellent le sujet :

Tu ***t'****égares. Nous* ***nous*** *séparons.*

66 – Fonctions du pronom personnel

Le pronom personnel, tenant la place du nom, en a toutes les fonctions :

• **Sujet** du verbe :

***Nous** viendrons.*
***Je** refuse, **moi**.* (*Je* est le sujet immédiat ; *moi* est une apposition en sujet insistant.)
***Il** tombe des grêlons.* (*Il* est le sujet apparent ; *grêlons* est le sujet réel.)

• **Complément d'objet direct** du verbe :

*Il **s'**est égaré.* (*Il a égaré s'*, mis pour *lui*.)

• **Complément d'objet indirect** du verbe :

*Elle **nous** obéit.*
(La préposition, non écrite dans la phrase, est sous-entendue : *Elle obéit à nous*.)
*J'**y** consens.* (je consens à cela)

• **Complément d'attribution** du verbe :

*On **m'**offre deux places.* (à moi)

• **Complément du nom :**

*La décoration **en** est curieuse.* (la décoration de cela : *en* est compl. de *décoration*)

• **Complément du pronom :**

*Aucun de **nous**.* (compl. de *aucun*)
*Il **en** veut plusieurs.* (*en* est compl. de *plusieurs*)

• **Complément de l'adjectif :**

*Elle est fière de **toi**.* (compl. de *fière*)
*Vous êtes mieux placé que **moi**.*
(compl. de l'adj. au comparatif)
*J'**en** suis confus.* (compl. de *confus*)

• **Complément de l'interjection** :

Attention à ***vous*** *!*

• **Complément circonstanciel du verbe** :

Viens chez ***moi***. (lieu)
Travaille pour ***eux***. (but, attribution)
Ce violon est à ***moi***. (possession)
Il ***en*** *mourut*. (cause)

• **Complément d'agent du verbe passif** :

Il fut soigné par ***elle***.

• **Apposition** :

Moi, *je travaille*. (apposition au sujet *je*)
Toi, *on te ridiculise*.
(apposition au compl. d'objet direct)
Lui, *faire cela ?* (apposition en apostrophe)

• **Complément subjectif d'un verbe d'état** :

Cela ***me*** *paraît raisonnable*.
Peu ***lui*** *importe*.

Le pronom personnel a, en plus, une fonction qui lui est propre :

• **Complément d'intérêt du verbe**, intérêt porté par celui qui parle ou qu'on réclame de celui qui écoute (voir n° 212) :

*Goûtez-****moi*** *ce vin*. (compl. d'intérêt de *goûtez*)

67 – Pronoms personnels contigus

Vous, ***lui*** *et* ***moi***, *nous sommes fatigués*.
(Les trois pronoms personnels sont en apposition au sujet *nous*.)

Il le lui *expliquera*.
(*Il* est sujet du verbe ; *le* est compl. d'objet direct ; *lui* est compl. d'objet indirect et d'attribution, dit « compl. d'objet second ».)

***Elle vous le** remettra.*

(*Elle* est sujet du verbe ; *vous* est compl. d'objet indirect ; *le* est compl. d'objet direct.)

Accord avec plusieurs sujets contigus : voir n° 200.

68 – Pronoms possessifs

le mien, le tien, le sien
la mienne, la tienne, la sienne
les miens, les tiens, les siens
les miennes, les tiennes, les siennes
le nôtre, le vôtre, le leur
la nôtre, la vôtre, la leur
les nôtres, les vôtres, les leurs

Ces pronoms ont les mêmes fonctions que le nom.

*Votre grand-mère se promène, mais **la mienne** ne sort plus.* (sujet de *sort*)

Les pronoms *nôtre(s), vôtre(s)* se distinguent des adjectifs homonymes par la présence d'un accent circonflexe.

Les formes anciennes sont encore employées comme attribut :

*Je reste amicalement **vôtre**.* (attribut du sujet *je*)

*Il a fait **sienne** cette invention.*
(attribut de l'objet *invention*)

Les mêmes mots peuvent devenir noms par valeur particulière :

*Elle a encore fait des **siennes**.*
(de ses fantaisies habituelles)

*Il fut trahi par les **siens**.* (ses proches)

*J'espère que vous serez des **nôtres**.* (de nos invités)

*Il faut y mettre du **tien**.* (de ta personne)

69 – Pronoms démonstratifs

ce, ceci, cela, ci, ça
celui, celui-ci, celui-là
celle, celle-ci, celle-là
ceux, ceux-ci, ceux-là
celles, celles-ci, celles-là

Ce, ceci, cela, ci, ça sont des pronoms neutres qui demandent un accord au masculin singulier : ***Cela** est beau.*

Ce est élidé *(c')* devant une voyelle, et avec une cédille *(ç')* si cette voyelle est *a* ou *o* :

*C'est magnifique. **Ç'a** été une révolution.*

Ci et *ça* (sans accent) sont des formes familières pour *ceci, cela : Il faut faire **ci**, il faut faire **ça**. Donne **ça**.*

Les pronoms composés terminés par *-ci* remplacent un nom proche ou qui va être cité. Les pronoms terminés par *-là* remplacent un nom éloigné ou qui est déjà cité.

70 – Emploi des pronoms démonstratifs

Les pronoms *celui, celle, ceux, celles* sont toujours suivis d'un complément déterminatif :

*Des colères, je crains surtout **celles** de mon père.*

(*père* est compl. de *celles*)

*Elle était avec **celui** que tu as déjà vu.*

(La subordonnée « que tu as déjà vu » est complétive de *celui*.)

On ne doit pas dire : *De ces deux livres, **celui** offert par Patrick est le plus beau,* mais (au choix) :

*... **celui qui** m'a été offert par Patrick...*

... ***celui que*** *Patrick m'a offert...*
... ***celui de*** *Patrick...*

71 – Fonctions des pronoms démonstratifs

Le pronom démonstratif a les mêmes fonctions que le nom.

Ceci *m'appartient.* (Ceci est sujet du verbe.)

Quand le pronom démonstratif est suivi d'un complément (mot, groupe nominal, proposition), l'ensemble est indissociable :

Cette maison est ***celle du voisin.*** (attribut du sujet)

Je préfère ***ceux que nous avons vus au début.***
(compl. d'objet direct)

72 – Pronoms numéraux

Cardinaux	**zéro, un, deux, trois, quatre...**
Ordinaux	**le premier, le deuxième, le second, le troisième, le quatrième...**

Les pronoms numéraux sont des adjectifs numéraux employés absolument, sans le soutien du nom :

Voici les sacs ; ***deux*** *sont troués.*
Neuf *sont venus se plaindre.*
Il s'agit là de rugby à ***quinze.***

Le nom numéral a l'aspect du pronom numéral mais on ne pourrait pas lui adjoindre un nom :

Ce ***quatre*** *est mal écrit. Récitez la table des* ***huit.***

Les règles d'accord des adjectifs numéraux (n° 54) sont applicables aux pronoms et aux noms numéraux.

73 – Fonctions des pronoms numéraux

Les fonctions sont celles du nom.

Les ***premières*** *se sont envolées.* (sujet du verbe)
Il fallait en acheter ***dix****.*
(compl. d'objet direct du verbe)
Trop de scandales à la ***une****.*
(compl. circ. de lieu du verbe)
Le groupe des ***seize****.* (compl. du nom)
Vous ***deux****.* (apposition au pronom)

74 – Pronoms relatifs

On distingue :

a) les **pronoms relatifs définis**, qui ont un antécédent ;

b) les **pronoms relatifs indéfinis**, sans antécédent.

75 – Pronoms relatifs définis (avec antécédent)

Simples	**qui, que, quoi, dont, où**
Composés	**lequel, laquelle, lesquels, lesquelles**
Contractés	**pourquoi** **auquel, duquel** **auxquels, desquels** **auxquelles, desquelles**
Locutions pronominales relatives définies	Ce sont toutes celles qu'on peut former en faisant précéder ***qui, quoi, où, lequel, laquelle, lesquels, lesquelles*** d'une préposition ou d'une locution prépositive.

76 – Usage du pronom relatif défini

J'aperçois Jacques ***qui*** *revient du stade.*

La phrase ci-dessus peut se décomposer en deux propositions : *J'aperçois Jacques/qui revient du stade.*

Dans la seconde proposition, le pronom relatif *qui* équivaut à : *lequel Jacques*. On dit que le pronom « qui » a pour antécédent « Jacques ».

C'est moi ***qui*** *vous le dis,* ***qui*** *suis votre grand-mère.*

(L'antécédent commun étant *moi*, les pronoms relatifs *qui* sont sujets des verbes *dis* et *suis*, à la 1re personne.)

Les poussins ***dont*** *il a parlé.*
Le sentier ***par lequel*** *il part.*
La haie ***jusqu'où*** *il alla.*
La raison ***pourquoi*** *il nous a quittés.*
L'entrée ***en travers de laquelle*** *il plaça cette barrière.*
Ceux ***que*** *trompe cet homme.*
L'ami ***duquel*** *il sollicite l'aide.*

77 – Fonctions du pronom relatif défini

Le pronom relatif (qui est à la fois mot-outil de liaison et suppléant du nom) a les fonctions du nom :

Le voisin ***à qui*** *j'offre de sortir.*
(compl. d'attribution de *offre*)
Devant ce fléau ***que*** *constitue la guerre.*
(attribut du sujet *guerre*)
L'hiver ***qu'****il fit si froid.*
(compl. circ. de temps de *fit*)
Les tableaux ***dont*** *ce mur est couvert.*
(compl. d'agent de *est couvert*)

Celui ***dont*** *nous attendions l'arrivée.*
(compl. du nom *arrivée*)
Le principe ***auquel*** *vous obéissez.*
(compl. d'objet indirect de *obéissez*)

78 – Pronoms relatifs indéfinis (sans antécédent)

Simples	**qui, quiconque**	
Locutions pronominales relatives indéfinies	**qui que** **quoi que** **quoi qui** **quel(s) que** **quelle(s) que**	**qui que ce soit que** **qui que ce soit qui** **quoi que ce soit que (qui)** **qui (quoi) que ce soit dont** **combien que**

Qui *a bu boira.*
(*Qui* est sujet de *a bu* ;
le sujet de *boira* est la proposition « *qui a bu* ».)
Quiconque *sollicite une audience doit remplir une fiche.*
(*Quiconque* est sujet de *sollicite* dans
la subordonnée relative,
laquelle est sujet de la principale.
La subordonnée relative est, dans ce cas,
déterminative ;
on ne peut la séparer de la principale.)
Quoi que *vous tentiez, il refusera.*
(Le pronom relatif est compl. d'objet direct de *tentiez*.)
Quelle qu'*ait été votre peine, vous devez vivre.*
(attribut de *peine*)

79 – Pronoms indéfinis

a) **Variables en genre et en nombre** :

aucun	l'autre	quelque autre
autre	le même	quelque autre chose
aucun autre	l'un	quelqu'un (quelques-uns)
cet autre	maint	tel et tel
nul autre	n'importe lequel	tel ou tel
certain	nul	tout
chacun	on ne sait lequel	toute chose
d'aucuns	pas un	un
Dieu sait lequel	plus d'un	un autre (d'autres)
(je) ne (sais) lequel	quel	un tel

b) **Invariables** :

autre chose	n'importe quoi	quelque chose
autrui	on	qui
Dieu sait qui	on ne sait qui	quiconque
Dieu sait quoi	on ne sait quoi	qui que ce soit
grand-chose	personne	quoi que ce soit
(je) ne (sais) qui	peu de chose	rien
(je) ne (sais) quoi	plusieurs	tel
n'importe qui		tout un chacun

c) **Pronoms indéfinis de quantité** (fournis par des adverbes employés absolument) :

assez	**bien plus**	**peu**
autant	**bien trop**	**peu ou prou**
beaucoup	**bien trop peu**	**suffisamment**
beaucoup moins	**davantage**	**tant**
beaucoup plus	**le moins possible**	**tant soit peu**
beaucoup trop	**le plus possible**	**tellement**
bien davantage	**moult**	**trop**
bien moins	**pas mal**	**trop peu**
bien peu	**passablement**	**un peu...**

d) **Tournures indéfinies employées absolument** et souvent considérées comme des noms :

bon nombre	**nombre**	**un grand nombre**
la plupart	**quantité**	**un petit nombre**
le plus grand nombre	**un certain nombre**	**une quantité**
le plus petit nombre	**une infinité**	

80 – Emploi et fonctions des pronoms indéfinis

__Chacun__ se retira chez soi. (sujet du verbe)

Deuils, séparations, __rien__ ne lui fut épargné.

(Le pronom *rien* englobe les deux mots placés en apposition ; il devient le seul sujet du verbe.)

Je n'aime ni __l'un__ ni __l'autre__. (compl. d'objet du verbe)

On ne saurait penser à __tout__. (compl. d'objet indirect)

Ne soyons pas sévère pour __autrui__. (compl. de l'adjectif)

81 – Particularités des pronoms indéfinis

• ***Qui*** est pronom indéfini dans cet emploi :

*Ils emportèrent à manger, **qui** un pain, **qui** du pâté.*

• ***Quiconque*** est pronom indéfini quand il signifie « n'importe qui » :

*On ne pourra permettre l'entrée à **quiconque**.*

• Les pronoms ***autre chose, grand-chose, peu de chose, quelque chose***, d'allure féminine, sont neutres, donc au masculin singulier pour l'accord :

***Peu de chose** de bon.*

• ***On***, pronom indéfini très employé et qu'on pourrait considérer comme un pronom personnel de la 3e personne, peut être précédé d'un *l'* euphonique (sans rôle grammatical) après les mots *et, ou, où, que, si* pour éviter l'hiatus :

*Si **l'on** te voit. Dès que **l'on** pourra.*

Mais on ne met pas ce *l'* euphonique si on est suivi d'un mot commençant par la lettre *l :*

*Si **on** lance une pierre.*

En principe du masculin singulier, le pronom *on* peut cependant avoir un attribut d'un autre genre ou nombre :

***On** a longtemps été séparés.*
***On** est bavardes, dit la maîtresse.*
*Oh ! comme **on** est élégante !*

• La locution ***plus d'un*** appelle un verbe au singulier :

***Plus d'un** regretta d'être venu.*

Alors que l'expression ***moins de deux*** doit être suivie du pluriel :

Moins de deux *mois s'écoulèrent.*

Ce sont là des accords de bon voisinage.

82 – Pronoms interrogatifs

<table>
<tr><td rowspan="2">a) Simples</td><td colspan="2">qui, que, quoi</td></tr>
<tr><td colspan="2">quel, quelle, quels, quelles</td></tr>
<tr><td>b) Composés</td><td colspan="2">lequel, laquelle, lesquels, lesquelles</td></tr>
<tr><td>c) Contractés</td><td colspan="2">auquel auxquels auxquelles
duquel desquels desquelles</td></tr>
<tr><td>d) Locutions pronominales interrogatives</td><td colspan="2">Ce sont toutes celles qu'on peut former en faisant précéder l'un des pronoms ci-dessus d'une préposition ou d'une locution prépositive.</td></tr>
<tr><td>e) Formes renforcées</td><td>qui est-ce que
qui est-ce qui
qu'est-ce que
qu'est-ce qui</td><td>de quoi est-ce que
auquel est-ce que
par lesquels est-ce que
...</td></tr>
<tr><td>f) Indirects</td><td colspan="2">ce que, ce qui</td></tr>
</table>

Ces pronoms n'ont pas d'antécédent.

83 – Emploi et fonctions des pronoms interrogatifs

Les pronoms des catégories a), b), c), d), e) servent dans les interrogations directes et indirectes. Ceux de la catégorie f) ne servent que dans les interrogations indirectes.
Ces pronoms ont les fonctions du nom, mais ne sont jamais placés en apposition ou en apostrophe.

Lequel *est le meilleur ?* (sujet du verbe)
Qui *êtes-vous ?* (attribut de *vous*)
Desquels *as-tu besoin ?*
(compl. d'objet indirect de *as besoin*)
Par qui *as-tu été volé ?*
(compl. d'agent du verbe passif)
À quoi *vous servira cette pince ?*
(compl. circ. de but de *servira*)
J'aimerais savoir **lequel** *est sorti.*
(interrogation indirecte ; *lequel* est sujet de *est sorti*)
Qui est-ce que *tu cherches ?*
(compl. d'objet direct de *cherches*)
En quoi *faisant ?*
(compl. d'objet direct de *faisant*)

84 – Pronoms exclamatifs

quoi, quel

Les pronoms exclamatifs ne sont que des déviations de pronoms interrogatifs.

Quoi *! tu recules ?* ***Quoi*** *de plus beau !*
Notre époque a besoin de vigies.
Littré en est une et ***quelle*** *!* (F. Carco)

Leur fonction grammaticale (sujet d'un verbe ou attribut d'un sujet sous-entendu) est perdue. Ces mots deviennent de simples exclamations.

LES VERBES

85 – Le verbe fait vivre la phrase

Nous sommes sensibles au sens du verbe quand nous percevons, fût-ce inconsciemment, son procès et sa conjugaison, cette dernière révélant tournure (ou voix), transitivité, mode, temps, personne et nombre.

Le **procès** (manière de procéder) est une notion qui englobe tous les sens du verbe. Le procès diffère selon que le verbe décrit une action *(cogner, boire)*, un état *(s'ennuyer, dormir)*, une modification d'état *(rajeunir, s'endormir)*.

86 – Le procès d'un verbe est présenté selon certains aspects

• **Aspect inchoatif** [— ko —], quand le verbe exprime un commencement d'action, une progression : *Elle vieillit ; ses cheveux blanchissent ; il engage son honneur ; je me mets à étudier.*

• **Aspect ponctuel**, s'il est limité à un instant : *La foudre frappe ; en sortant il se cassa la jambe.*

• **Aspect duratif**, s'il est prolongé dans le temps : *Le Soleil éclaire la Terre ; depuis deux jours, il neige.*

• **Aspect itératif** ou **fréquentatif** quand il marque une action qui se répète : *Les feux clignotent ; les oiseaux criaillent ; le forgeron martèle ; les bureaux ouvrent à neuf heures.*

• **Aspect perfectif**, s'il est présenté comme **achevé, accompli** : *Il avait tout bu ; demain il aura fini ; il est sorti.*

• **Aspect imperfectif**, s'il est présenté comme **inachevé, non accompli** : *Aller ; rire ; elle porte un sac ; elle recopiait son devoir.*

87 – Locutions verbales

La plupart des verbes s'expriment à l'infinitif par un mot : *chausser, avoir, retenir, atteindre, défaire.*

Les **verbes pronominaux** sont précédés d'un pronom personnel réfléchi : *se tromper, s'enquérir, s'imaginer, se battre, s'entre-déchirer.*

Les **locutions verbales** sont des groupes insécables qui valent des verbes simples : *faire irruption, battre froid.*

Exemples de locutions verbales :

aller chercher
aller voir
avoir affaire
avoir l'air
avoir besoin
avoir pour but
avoir faim
avoir honte
avoir tort
chercher dispute
couper court
dire vrai
donner libre cours
l'échapper belle

être capable
être certain
être sur le qui-vive
faire grand cas
faire envie
faire fonction
faire rage
faire savoir
faire venir
laisser faire
mettre en demeure
passer sous silence

perdre patience
porter malheur
prendre congé
prendre garde
prendre à partie
prendre soin
prêter main-forte
reprendre haleine
s'en revenir
tenir compte
tirer parti
venir à bout
en vouloir

88 – Verbes d'action, verbes d'état

Si les verbes et locutions verbales d'action sont innombrables *(chasser, ouvrir, prendre fin, s'en mordre les doigts)*, il y a peu de verbes d'état, le principal étant *être* :

s'appeler	*demeurer*	*paraître*	*sembler*
avoir l'air	*devenir*	*passer pour*	*se nommer*
consister	*être*	*rester*	*se trouver*

__Êtes__-vous prêts ?
Elle __a l'air__ d'une statue.
Cet arbre __se nomme__ un latanier.

Le verbe d'état ne peut pas avoir de complément d'objet, il amène un attribut du sujet.

Certains verbes ont, selon l'emploi, deux appartenances :

Verbes d'action	Verbes d'état
*Il **nomma** ses complices.*	*Ce chien **se nomme** Polka.*
*Elle lui **donne** cinq francs.*	*La chambre **donne** sur la cour.*
*La reine **parut** au balcon ; elle **se montra** au peuple.*	*Le vieillard nous **parut** fatigué, mais **se montra** attentif.*

Les verbes d'état peuvent avoir un complément spécial, le complément subjectif (voir n° 213) répondant à la question : à qui ? pour qui ? mais sans idée de don :

*L'instant **nous** sembla propice.*
*Il **m'**est indifférent.*

89 – Groupes de verbes

Pour sérier l'étude des conjugaisons, on a classé les verbes en trois groupes qu'on reconnaît aux terminaisons suivantes :

	infinitif	1re pers. du sing. du présent de l'indic.	participe présent
1er groupe	*chant-**er***	*je chant-**e***	*chant-***ant**
2e groupe	*fin-**ir***	*je fin-**is***	*fin-***issant**
3e groupe	tous les autres verbes		

• Exemples de **verbes du 1er groupe** : *arrêter, brader, consacrer, s'essouffler, manger, percer, sauter.*
• Exemples de **verbes du 2e groupe** : *applaudir, choisir, élargir, fournir, retentir, saisir, vernir.*
• Exemples de **verbes du 3e groupe** : *aller, battre, courir, craindre, déchoir, dire, entendre, paraître.*

90 – Voix du verbe

Nous pouvons être informés par la voix de celui qui agit ou par la voix de celui qui supporte l'action.

Voix active : le sujet fait l'action.
Voix passive : le sujet subit l'action.
Voix double : le sujet fait et subit l'action.

La *voix double* ne peut s'exprimer que par un verbe pronominal (réfléchi ou réciproque).
Il n'y a pas de *voix pronominale*, mais seulement une *forme pronominale* du verbe.

	Verbe non pronominal	Verbe pronominal
Voix active	*Jean fend la bûche.*	*Il s'empare du sac.* 1
Voix passive	*La bûche est fendue par Jean.*	*Ce médicament se prend à jeun.* 2
Voix double		*Je me peigne.* 3 *Ils se disputent.* 4

1. Verbe essentiellement pronominal.
2. Verbe pronominal de sens passif.
3. Verbe pronominal réfléchi.
4. Verbe pronominal réciproque.

Quand un verbe passe de la voix active à la voix passive, le *sujet* devient *complément d'agent*, le *complément d'objet direct* devient *sujet :*

Voix active	*Buschmann* sujet	***inventa***	*l'accordéon.* c.o.d.
Voix passive	*L'accordéon* sujet	***fut inventé*** *par*	*Busch-mann.* compl. d'agent

On remarquera que la voix passive se construit avec l'auxiliaire *être*. Voir n° 128, 1.

Dans la voix double, sujet et complément d'objet représentent le même être :

Tu te *trompes.* ***Ils se*** *chipotent.*

Les sujets sont : *tu, ils*. Les objets sont : *te, se.*

En somme, la voix nous fait envisager le verbe du point de vue de l'agissant ou du point de vue du supportant.

91 – Transitivité

Quand un verbe peut avoir un complément d'objet, il est dit **transitif**. S'il ne peut en avoir, il est dit **intransitif.**

Les **verbes transitifs** sont **directs** s'ils peuvent avoir un complément d'objet direct (sans préposition), et **indirects** s'ils peuvent avoir un complément d'objet indirect (avec préposition).

Verbes transitifs	directs	*Tu* ***manges*** *le dessert.* *Je* ***sais*** *que tu m'****attends****.*
	indirects	*Ce chapeau* ***plaît*** *à mon fils.* *Tu t'en* ***souviens****.*
Verbes intransitifs	absolus	*Le chien* ***aboie****.* *Demain je* ***partirai****.*
	par l'emploi	*Ses paroles* ***portent****.* *La salade* ***pousse****.*

92 – Verbes transitifs

Les **verbes transitifs directs** peuvent seuls fournir des participes-adjectifs qui s'accordent avec le nom ou le pronom :

***Fendre** du bois.* (verbe transitif direct)
*Le bois est **fendu**. Une bûche **fendue**.*
*Les madriers sont **fendus**. **Des planches fendues**.*

• Exemples de **verbes transitifs directs** : *manger, casser, essuyer, rendre, acheter, voir, ramasser, couvrir, mettre, tordre.*
On peut, avec ces verbes, poser une question sans préposition : *manger quoi ? voir qui ?*

• Exemples de **verbes transitifs indirects** : *obéir à, profiter de, aboutir à, accéder à, bénéficier de, décider de, échapper à, se souvenir de, s'attendre à.*
On doit user d'une préposition pour questionner avec ces verbes : *obéir* **à qui** ? *profiter* **de quoi** ?
Les verbes transitifs peuvent être employés absolument (sans le complément d'objet) :

Le coureur **a abandonné** (la course).
Ce présentateur **plaît** *beaucoup.*

Certains verbes sont tantôt transitifs directs, tantôt transitifs indirects :

Transitivité directe	Transitivité indirecte
abuser quelqu'un *assister un blessé* *regarder un tableau*	*abuser de quelque chose* *assister à un accident* *regarder à la dépense*

93 – Verbes intransitifs

Ils sont moins nombreux que les verbes transitifs.

• Exemples de **verbes intransitifs** : *agir, arriver, bâiller, bavarder, briller, capituler, concorder,* *croasser, déguerpir, évoluer, fonctionner, régner, trépigner, tressaillir, voyager.*

Certains verbes sont tantôt transitifs directs, tantôt intransitifs :

Transitivité directe	Intransitivité
Il penche la tête	*Cette tour penche.*
Tu rentres du charbon.	*Elle rentre dans sa chambre.*
Blanchir du linge.	*La campagne blanchit.*

Connaître la transitivité d'un verbe est utile pour l'accord du participe passé, pour la correction de la langue. On ne peut associer que des verbes de même transitivité ; ce serait une faute d'écrire ou de dire :

Les agents se sont emparés
et ont enfermé les voleurs.

Il faut :

Les agents se sont emparés des voleurs
et les ont enfermés.

94 – Verbes pronominaux

Les **verbes pronominaux** sont les verbes précédés d'un des pronoms personnels *me, te, se, nous, vous, se,* non sujet mais de la même personne que le sujet. (Voir n° 128, 2.)

On distingue :

- les verbes essentiellement pronominaux ;
- les verbes accidentellement pronominaux ;
- les verbes pronominaux par gallicisme.

95 – Verbes essentiellement pronominaux

1) Verbes non réciproques :

s'absenter	*s'écrier*	*s'infiltrer*	*se récrier*
s'accroupir	*s'élancer*	*se méfier*	*se réfugier*
s'affairer	*s'enfuir*	*se parjurer*	*se soucier*
se blottir	*s'esclaffer*	*se prélasser*	*se suicider*
se cabrer	*s'évanouir*	*se raviser*	*se targuer*
se démener	*se gargariser*	*se rebiffer*	*se vautrer...*

Ces verbes ne se conçoivent pas sans le pronom réfléchi :

Les coupables ***se repentent.***

Il s'est insurgé *contre l'autorité.*

Nous ***nous rengorgeons.***

2) Verbes réciproques :

s'entraider, s'entre-déchirer, s'entre-tuer, etc.

3) Locutions verbales essentiellement pronominales :

s'en aller	*se porter garant*	*se tenir coi*
se faire jour	*se rendre maître*	*se trouver court*
se mettre à dos	*s'en retourner*	*s'en venir...*

96 – Verbes accidentellement pronominaux

Ces verbes existent sous une forme non pronominale. Ils sont très nombreux.

Verbe non pronominal	Verbe pronominal
Le poussin ***brise*** *la coquille.*	*La vague* ***se brise*** *contre la jetée.*
L'orateur ***parle*** *au public.*	*Ces personnes ne* ***se parlent*** *plus.*

Le verbe pronominal est dit **réfléchi** quand le sujet exerce l'action sur lui-même. Il est dit **réciproque** quand les sujets agissent l'un sur l'autre.

Verbes réfléchis	directs	*Je **me coupe**.* *Il **se couche**.*
	indirects	*Il **se nuit**.* *Elle **se donne** du mal.*
Verbes réciproques	directs	*Nous **nous croisons**.* *Ils **se battent**.*
	indirects	*Nous **nous parlons**.* *Vous **vous offrez** vos vœux.*

97 – Verbes pronominaux par gallicisme

1) De sens actif

La présence du pronom n'a que peu de valeur. Il arrive même qu'on ne l'énonce pas. Ces verbes sont :

s'apercevoir de	*se douter de*	*s'en prendre à*
s'attaquer à	*s'échapper de*	*se prévaloir de*
s'attendre à	*s'ennuyer de*	*se railler de*
s'aviser de	*s'imaginer*	*se refuser à*
se battre comme, en	*se jouer de*	*se résoudre à*
se connaître à, en	*se moquer de*	*se saisir de*
se départir de	*se plaindre de*	*se servir de*
se défier de	*se porter vers*	*se taire*

***Saisir** quelque chose. **Se saisir** de quelque chose.*

On peut ajouter à cette série les verbes suivants qui indiquent un début d'action ou une progression et qu'on nomme « inchoatifs » :

s'approcher	*se gonfler*	*se mourir*	*se pourrir*
s'avancer	*se grossir*	*s'ouvrir*	*se reculer*
se casser	*se guérir*	*se pâmer*	*se tarir*
s'épaissir	*se moisir*	*se plonger*	

L'orage ***s'approche****. L'orage* ***approche****.*

2) De sens passif

Ces verbes n'ont que l'apparence pronominale. Ils ont la valeur de verbes à la voix passive :

Cette arme ***se charge*** *par la bouche.*
Les moutons, peu nombreux, pouvaient ***se compter*** *aisément.*
La langouste ***se vent*** *cher.*
Autrefois, le blé ***se coupait*** *à la faucille.*

Les verbes pronominaux perdent le pronom personnel lorsqu'ils se trouvent après le verbe *faire* :

Il a fait ***évader*** *le prisonnier.*

Ou lorsque le participe est employé comme adjectif :

Un homme ***méfiant****. Des fidèles* ***prosternés****.*

Employés au participe passé, les verbes pronominaux ont des règles spéciales d'accord. (Voir n° 120.)

98 – Verbes impersonnels

Les verbes impersonnels (ou unipersonnels) ne se conjuguent qu'à la 3e personne du singulier.

Le pronom « il », neutre, ne représente personne. (Voir n° 129.)

1) Verbes essentiellement impersonnels :

apparoir (il appert)	*s'en falloir*	*pleuvoir*
bruiner	*grêler*	*pleuvoter*
falloir	*neiger*	*venter*

et les verbes du même genre (*neigeoter, repleuvoir*, etc.).

Quelquefois, un sujet véritable est substitué à « il » ou placé après le verbe (qui peut alors se mettre au pluriel) :

Les coups ***pleuvaient****. Il* ***a plu*** *des cordes.*

(*Il* est le sujet apparent qui commande le verbe ; *cordes* est le sujet réel.)

2) Verbes employés impersonnellement :

Il tombe *des grêlons.* ***Il est conseillé*** *de se couvrir.*
Il fait *très froid. Combien* ***passe-t-il*** *de voitures ?*

D'anciennes expressions ignorent le sujet apparent « il » :

Si besoin est. Mieux vaut.
Peu importe. Rien ne sert de…

99 – Verbes auxiliaires

Pour former les temps composés, la conjugaison fait appel à deux verbes auxiliaires : ***avoir*** et ***être***.

1) L'auxiliaire ***avoir*** est très employé dans la voix active et pour les temps surcomposés :

Nous ***avons*** *dansé. Dès qu'ils* ***ont eu*** *fini.*

2) L'auxiliaire ***être*** est employé pour :

- les verbes à la voix passive : *Ils* ***sont*** *cueillis.*
- les verbes pronominaux : *Elle s'****est*** *repentie. Ils se* ***seraient*** *rebellés.*
- les verbes intransitifs suivants :

advenir	*devenir*	*naître*	*redevenir*
aller	*disconvenir*	*partir*	*revenir*
arriver	*échoir*	*parvenir*	*survenir*
choir	*intervenir*	*provenir*	*venir*
décéder	*mourir*		

Dans les temps composés de la voix passive, les deux auxiliaires sont employés : *Il* ***a été*** *compromis.*

3) Pour certains verbes, on emploie **tantôt *avoir*, tantôt *être***, selon le sens que l'on veut donner au verbe :

Le fruit ***a*** *pourri.* (action)
Le fruit ***est*** *pourri.* (état)
Elle ***a*** *retourné la crêpe.* (transitif)
Elle ***est*** *toute retournée.* (intransitif)
Il ***a*** *reparti des injures.* (répliqué)
Il ***est*** *reparti à la chasse.* (parti de nouveau)

100 – Verbes semi-auxiliaires

Les deux auxiliaires habituels (*avoir* et *être*) sont quelquefois insuffisants pour traduire les nuances de mode et de temps qu'on veut appliquer au verbe. On a alors recours aux semi-auxiliaires qu'on fait suivre de l'infinitif du verbe. Les principaux sont :

aller	*être loin de*	*manquer*
s'arranger	*être près de*	*se mettre*
pour	*être*	*à penser*
n'avoir qu'à	*sur le point de*	*penser pouvoir*
commencer à	*faillir*	*pouvoir*
compter	*faire*	*sembler*
croire	*ne faire que de*	*en venir à*
devoir	*falloir*	*venir de*
devoir pouvoir	*finir de*	*vouloir*
être en train de	*laisser*	

Elle ***est en train de*** *préparer le repas.*
(présent progressif)
Il ***ne fait que d'****arriver.* (passé très récent)
Il ***vient de*** *m'écrire.* (passé proche)
L'heure ***va*** *sonner.* (futur imminent)
Il ***est sur le point de*** *partir.* (futur proche)
Vous ***allez*** *me le dire.* (futur)
Je ***dois*** *sortir.* (futur d'obligation)

101 – Grande conjugaison

Voici quarante-deux temps en six modes de la conjugaison d'un verbe *(**sauter**)*. Outre les temps habituels d'une conjugaison, il s'y trouve les temps surcomposés et les temps formés à l'aide des semi-auxiliaires les plus utiles *(aller, venir, devoir, falloir)*. Une conjugaison n'est jamais complète : l'expression des nuances de mode et de temps a, en français, un grand choix de moyens ; mais on peut cependant estimer voir ici rassemblé l'essentiel des formes conjuguées d'un verbe.

Mode indicatif

Présent			Imparfait		
Je		saute	Je		sautais
Tu		sautes	Tu		sautais
Il		saute	Il		sautait
Nous		sautons	Nous		sautions
Vous		sautez	Vous		sautiez
Ils		sautent	Ils		sautaient
Passé simple			**Passé récent**		
Je		sautai	Je	viens	de sauter
Tu		sautas	Tu	viens	de sauter
Il		sauta	Il	vient	de sauter
Nous		sautâmes	Nous	venons	de sauter
Vous		sautâtes	Vous	venez	de sauter
Ils		sautèrent	Ils	viennent	de sauter
Futur proche			**Futur**		
Je	vais	sauter	Je		sauterai
Tu	vas	sauter	Tu		sauteras
Il	va	sauter	Il		sautera
Nous	allons	sauter	Nous		sauterons
Vous	allez	sauter	Vous		sauterez
Ils	vont	sauter	Ils		sauteront
Futur dans le passé			**Passé composé**		
Je		sauterais	J'	ai	sauté
Tu		sauterais	Tu	as	sauté
Il		sauterait	Il	a	sauté
Nous		sauterions	Nous	avons	sauté
Vous		sauteriez	Vous	avez	sauté
Ils		sauteraient	Ils	ont	sauté

Passé antérieur proche

Je	venais	de sauter
Tu	venais	de sauter
Il	venait	de sauter
Nous	venions	de sauter
Vous	veniez	de sauter
Ils	venaient	de sauter

Passé postérieur

J'	allais	sauter
Tu	allais	sauter
Il	allait	sauter
Nous	allions	sauter
Vous	alliez	sauter
Ils	allaient	sauter

Plus-que-parfait

J'	avais	sauté
Tu	avais	sauté
Il	avait	sauté
Nous	avions	sauté
Vous	aviez	sauté
Ils	avaient	sauté

Passé surcomposé

J'	ai	eu sauté
Tu	as	eu sauté
Il	a	eu sauté
Nous	avons	eu sauté
Vous	avez	eu sauté
Ils	ont	eu sauté

Plus-que-parfait surcomposé

J'	avais	eu sauté
Tu	avais	eu sauté
Il	avait	eu sauté
Nous	avions	eu sauté
Vous	aviez	eu sauté
Ils	avaient	eu sauté

Passé antérieur

J'	eus	sauté
Tu	eus	sauté
Il	eut	sauté
Nous	eûmes	sauté
Vous	eûtes	sauté
Ils	eurent	sauté

Futur antérieur

J'	aurai	sauté
Tu	auras	sauté
Il	aura	sauté
Nous	aurons	sauté
Vous	aurez	sauté
Ils	auront	sauté

Futur antérieur surcomposé

J'	aurai	eu sauté
Tu	auras	eu sauté
Il	aura	eu sauté
Nous	aurons	eu sauté
Vous	aurez	eu sauté
Ils	auront	eu sauté

Futur dans le futur			Futur antérieur dans le passé		
Je	devrai	sauter	J'	aurais	sauté
Tu	devras	sauter	Tu	aurais	sauté
Il	devra	sauter	Il	aurait	sauté
Nous	devrons	sauter	Nous	aurions	sauté
Vous	devrez	sauter	Vous	auriez	sauté
Ils	devront	sauter	Ils	auraient	sauté

Futur antérieur surcomposé dans le passé		
J'	aurais	eu sauté
Tu	aurais	eu sauté
Il	aurait	eu sauté
Nous	aurions	eu sauté
Vous	auriez	eu sauté
Ils	auraient	eu sauté

MODE CONDITIONNEL

Présent ou Futur			1er passé		
Je	sauterais		J'	aurais	sauté
Tu	sauterais		Tu	aurais	sauté
Il	sauterait		Il	aurait	sauté
Nous	sauterions		Nous	aurions	sauté
Vous	sauteriez		Vous	auriez	sauté
Ils	sauteraient		Ils	auraient	sauté
2e passé			**Passé surcomposé**		
J'	eusse	sauté	J'	aurais	eu sauté
Tu	eusses	sauté	Tu	aurais	eu sauté
Il	eût	sauté	Il	aurait	eu sauté
Nous	eussions	sauté	Nous	aurions	eu sauté
Vous	eussiez	sauté	Vous	auriez	eu sauté
Ils	eussent	sauté	Ils	auraient	eu sauté

MODE IMPÉRATIF		
Présent ou Futur	**Passé**	**Passé surcomposé**
Saute	Aie sauté	Aie eu sauté
Sautons	Ayons sauté	Ayons eu sauté
Sautez	Ayez sauté	Ayez eu sauté

MODE SUBJONCTIF	
Présent ou Futur	**Passé**
Que je saute	Que j'aie sauté
Que tu sautes	Que tu aies sauté
Qu' il saute	Qu' il ait sauté
Que nous sautions	Que nous ayons sauté
Que vous sautiez	Que vous ayez sauté
Qu' ils sautent	Qu' ils aient sauté
Passé surcomposé	**Imparfait**
Que j' aie eu sauté	Que je sautasse
Que tu aies eu sauté	Que tu sautasses
Qu' il ait eu sauté	Qu' il sautât
Que nous ayons eu sauté	Que nous sautassions
Que vous ayez eu sauté	Que vous sautassiez
Qu' ils aient eu sauté	Qu' ils sautassent
Plus-que-parfait	**Plus-que-parfait surcomposé**
Que j' eusse sauté	Que j' eusse eu sauté
Que tu eusses sauté	Que tu eusses eu sauté
Qu' il eût sauté	Qu' il eût eu sauté
Que nous eussions sauté	Que nous eussions eu sauté
Que vous eussiez sauté	Que vous eussiez eu sauté
Qu' ils eussent sauté	Qu' ils eussent eu sauté

Mode infinitif	
Présent	**Passé**
sauter	avoir sauté
Passé surcomposé	**Futur d'obligation**
avoir eu sauté	devoir sauter

Mode participe		
Présent	**Passé**	**Passé composé**
sautant	sauté	ayant sauté
Passé surcomposé	**Futur**	**Futur d'obligation**
ayant eu sauté	allant sauter	devant sauter

Certains verbes comme *braire, choir, clore, faillir, frire, quérir, seoir* n'ont pas de conjugaison complète. Ce sont des **verbes défectifs**.

102 – Modes du verbe

Le mode indique la manière dont l'action ou l'état est présenté.

1) Les **modes personnels** (dont l'écriture change avec la personne) sont :
- l'*indicatif*, pour les faits réels, certains ;
- le *conditionnel*, pour les actions soumises à une condition ;
- l'*impératif*, pour les ordres, les conseils, la prière ;

• le *subjonctif*, pour les actions douteuses, possibles, soumises à un autre verbe, ou pour les faits simplement pensés.

2) Les **modes impersonnels** sont :

• l'*infinitif*, présentation neutre, nominale, du verbe ;
• le *participe*, qui tient du verbe et de l'adjectif.

103 – Temps du verbe

Les temps indiquent le moment de l'action ou de l'état, dans le présent, le passé ou le futur. Le langage parlé ajoute aux temps **simples** et **composés** de la conjugaison des temps **surcomposés** (par adjonction de l'auxiliaire *avoir*) qui ne sont pas indispensables. Ainsi, le passé surcomposé *(Dès qu'il a eu déjeuné, il est parti)* vaut le passé antérieur *(Dès qu'il eut déjeuné, il est parti)*.

104 – Mode indicatif

Ses temps sont les suivants :

• **Présent**. Il exprime une action présente : *La pendule* ***sonne*** ; ou habituelle : *Il* ***se couche*** *très tard*.
Il peut exprimer un passé récent : *Il* ***sort*** *à l'instant. Je* ***rentre*** *de vacances* ; ou un futur imminent : *Un instant, j'****arrive****. Nous* ***allons*** *demain chez mon frère*.
Le présent donne aux récits plus de réalité : *Bonaparte* ***enfonce*** *les lignes ennemies* (présent historique).

• **Imparfait**. Il relate une action en train de s'accomplir dans le passé quand se déroulait une autre action : *Quand on arriva à destination, le bébé* ***dormait****.*

Ce temps marque une action qui dure dans le passé, habituelle ou répétée : *Son grand-père* ***fumait*** *la pipe.*

Quelquefois, il sert à présenter les choses avec ménagement, discrétion : *Je* ***venais*** *prendre de vos nouvelles.*

Associé au temps « futur dans le passé », l'imparfait exprime un futur : *Tu passerais Noël loin de nous si tu* ***allais*** *aux sports d'hiver.*

• **Passé simple**. Il exprime un passé accompli, une action qui a eu lieu à un moment déterminé : *Louis XV* ***mourut*** *en 1774.*

• **Futur**. Il exprime une action qui s'accomplira : *Nous* ***partirons*** *demain* ; ou qu'on annonce comme probable : *Cette affaire* ***tournera*** *mal.*

Ce temps se dit aussi à la place de l'impératif : *Tu n'****oublieras*** *pas de fermer la porte.*

Le futur peut désigner un passé : *Quand Bonaparte entre à Brienne, il n'a que 10 ans (il en* ***sortira*** *lieutenant six ans après).*

• **Passé composé.** Il exprime une action accomplie, à un moment indéterminé du passé : *Nous l'****avons vu*** *souvent* ;
ou dans un futur très proche : *Attendez, j'****ai fini****.*

• **Plus-que-parfait.** Il exprime une action accomplie et antérieure à une autre action passée : *Elle m'offrit ce gilet qu'elle* ***avait tricoté****.*

• **Passé antérieur.** Il exprime une action accomplie et antérieure au passé simple : *À peine* ***eut-il bu*** *qu'il s'écroula.*

Il remplace quelquefois le passé simple : *Des gâteaux restaient ; le garçon les* ***eut*** *vite* ***mangés***.

• **Futur antérieur**. Il exprime une action future qui sera accomplie antérieurement au futur simple : *J'****aurai fini*** *mes devoirs quand sonneront six heures. Tu n'oublieras pas de ramasser les branches que tu* ***auras sciées***.
Il peut lui arriver d'exprimer un passé : *Notre voisin porte un crêpe : il* ***aura perdu*** *sa vieille mère*.

À ces huit temps connus, s'ajoutent :

• **Futur dans le passé**. Ce temps pourrait être nommé « passé ultérieur ». Sa forme est la même que celle du présent du conditionnel mais son emploi est différent : *Je savais que tu* ***sauterais*** est la transposition dans le passé de la phrase au présent : *Je sais que tu sauteras*.

• **Passé surcomposé**. Dans la langue parlée, ce temps prend la place du passé antérieur (qui se cantonne dans le style littéraire). On ne dit plus : *Dès que j'eus fini, dès qu'il fut parti* ; on dit : *Dès que j'****ai eu fini****, dès qu'il* ***a été parti***.

• **Futur dans le futur.** Ce temps pourrait être nommé « futur ultérieur ». À l'auxiliaire *devoir* on peut substituer l'auxiliaire *aller* ou *falloir*. Ce temps se situe au-delà du futur : *Demain, tu penseras que tu* ***devras sauter*** (qu'il faudra sauter).

• **Futur antérieur dans le passé.** La forme de ce temps se confond avec celle du 1er passé du conditionnel, mais son emploi diffère : *Je pensais que tu* ***aurais sauté*** *ce fossé*.

105 – Mode conditionnel

• Le **présent**, seul temps simple, exprime une action possible dans l'avenir et conditionnée par un imparfait de l'indicatif : *Si j'avais un vélo, je **ferais** cette randonnée.*
Ce temps traduit aussi une retenue polie, un présent de l'indicatif atténué : *Je **voudrais** vous parler. **Pourriez**-vous me recevoir* ?
Enfin, on s'en sert pour exprimer un doute dans la délibération : *Le voisin **serait** malade. Que **ferais**-tu dans ce cas-là* ?

• Le **1er passé** exprime une action supposée impossible dans le passé, la condition exprimée par le plus-que-parfait de l'indicatif n'étant pas réalisée dans le passé. On peut dire que ce temps est l'« irréel du passé » : *Si j'avais eu les moyens, je l'**aurais aidé**.*

• Le **2e passé** a la même valeur, mais ne sort guère du registre littéraire de bonne tenue : *Si nous avions eu de la place, nous l'**eussions hébergé**.*
Il est bon de savoir que certains subordonnants, qui expriment une certitude, réclament l'indicatif ou le conditionnel. Ce sont :

ainsi que
alors que
à mesure que
après que
attendu que
au moment où (que)
aussitôt que
autant que
comme
d'autant plus que
de même que
depuis que
dès lors que
dès que
du moment où (que)
étant considéré que
étant donné que
lors même que
lorsque
même si
moins que
parce que
pendant que
plus que
puisque
quand
si
si ce n'est que
sous prétexte que
tandis que
tant que
toutes les fois que
vu que

*L'orage a éclaté après que **tu es partie**.*
*Il a refusé sous prétexte que **ce** ne **serait** pas loyal.*

106 – Mode impératif

Ce mode ne s'exprime qu'à trois personnes :
2e personne du singulier : *marche*
1re personne du pluriel : *marchons*
2e personne du pluriel : *marchez*
Le présent exprime l'action à accomplir tout de suite ou dans l'avenir :

***Porte** ce colis à la gare.*
***Venez** dimanche pour le dessert.*

Le passé exprime une action à accomplir antérieurement à une action considérée comme accomplie. C'est en réalité un futur antérieur :

***Aie terminé** ce chapitre pour demain.*
***Soyez revenus** avant la nuit.*

107 – Mode subjonctif

Dans une proposition principale, le subjonctif marque souhait, ordre, indignation ou supposition :

Puisse-t-il** réussir* ! ***Qu'il triomphe !
***Dussé-je** échouer, je vais essayer.*

Dans une proposition subordonnée, le subjonctif accompagne une principale exprimant le doute, la volonté, le commandement, le désir, le souhait, la crainte, le regret :

*Nous voulons **qu'il s'en aille**.*
*Je regrette **que vous** ne **l'ayez** pas **fait**.*
*Elle ne pense pas **qu'il vienne** avant la fin du mois.*
*Ordonnez **qu'il soit expulsé**.*

Le présent du subjonctif sert aussi pour le futur :

Il faut ***qu'il vive****. Il faudra* ***qu'il vive****.*

En principe, une subordonnée au subjonctif devrait être à un temps passé quand elle dépend d'une principale à un temps passé :

Il fallait ***qu'il vécût****.*
Cela se serait fait à condition ***qu'il ait vécu****.*

Mais cette règle n'est guère respectée.

Le mode subjonctif s'impose après les locutions conjonctives suivantes, qui marquent l'incertitude :

à condition que	*en admettant que*	*quel que*
afin que	*en attendant que*	*quel… que*
à moins que	*en cas que*	*quelque… que*
à supposer que	*encore que*	*qui que*
au cas que	*en sorte que*	*qui… que*
au lieu que	*jusqu'à ce que*	*quoique*
avant que	*loin que*	*quoi… que*
bien que	*malgré que*[1]	*sans… que*
ce n'est pas que	*non que*	*si… que*
de crainte que	*pour peu que*	*si peu que*
de façon que	*pour que*	*si tant est que*
de manière que	*pourvu que*	*soit que*
de peur que	*que… que*	*supposé que*

Quelles que ***soient*** *les circonstances.*

1. Ne s'emploie correctement que devant « en avoir » : *Malgré qu'il en ait.*

108 – Mode infinitif

L'infinitif est la forme abstraite du verbe.
Comparaison des infinitifs :

	actif	passif	pronominal
Présent	*prendre*	*être pris*	*se prendre*
Passé	*avoir pris*	*avoir été pris*	*s'être pris*

109 – Infinitif verbal

Il est le noyau d'une proposition.

***Agiter** avant usage.* (prop. indépendante)
*Pourquoi **garder** ce chien* (prop. principale)
/ qui vous cause tant de soucis ?
*On entendait / l'ennemi **approcher**.*
(prop. sub. infinitive)

110 – Infinitif nominal

Il a la valeur et les fonctions du nom.

***Faucher** est pénible.* (sujet du verbe)
*Souffler n'est pas **jouer**.* (attribut du sujet *souffler*)
*Il déteste **être remarqué**.* (compl. d'objet direct)
*J'aime à **rêver**.* (compl. d'objet indirect)
*Elle s'habille avant de **partir**.*
(compl. cir. de temps)
*Je suis fatigué de **pomper**.* (compl. cir. de cause)
*Nous mangeons pour **vivre**.* (compl. cir. de but)
*La nécessité de **travailler**.* (compl. du nom)
*Cette consolation, **chanter**, lui fut même refusée.*
(apposition)
***Emprunter** ! Quelle contrainte !* (apostrophe)

111 – Infinitif devenu nom

L'infinitif devient un nom dans certains emplois : *un avoir, un baiser, le déjeuner, le faire-valoir, du laisser-aller, le lever, le pouvoir, le repentir, des rires, le savoir, le savoir-vivre, un sourire, le bon vouloir,* etc.
Certains noms ont même subsisté alors que les infinitifs qui les avaient engendrés ont disparu : *avenir, déboire, loisir, plaisir,* etc.

112 – Mode participe

Ce mode participe du verbe et de l'adjectif.
Comparaison des participes :

	actif	passif	pronominal
Présent	*prenant*	*étant pris*	*se prenant*
Passé	*pris*	*été pris*	*pris*
Passé composé	*ayant pris*	*ayant été pris*	*s'étant pris*

113 – Participe présent cœur d'une proposition participiale

Ce participe présent a un sujet propre.

*C'est pourquoi, / **nous vivant**, / il n'aura rien.*

Quand il n'y a pas de sujet propre, il faut éviter de le considérer comme formant une proposition, bien qu'il en ait la valeur :

*Elle était là, **gesticulant** (qui gesticulait), **prenant** (qui prenait) le ciel à témoin.*
*Une meute **hurlant** de fureur s'acharnait sur la bête.*

Les participes présents ci-dessus, séparés par une limite grammaticale arbitraire, sont invariables.

114 – Gérondif

C'est un participe présent précédé de la préposition *en*. Il complète un autre verbe en exprimant une circonstance.

*Il marchait **en bougonnant**.*
(compl. circ. de manière)
*On s'instruit **en lisant**.* (compl. circ. de moyen)
***En mangeant**, il me déclara…* (compl. circ. de temps)
*Tu pourrais y arriver **en persévérant**.*
(compl. circ. de condition)

Quelquefois, *en* est sous-entendu :

*Le vieillard va **déclinant**.*
*J'aurai, le **revendant**, de l'argent bel et bon.*
(La Fontaine, *Fables*, VII, 10)

Le gérondif doit avoir le même sujet que le verbe qu'il complète :

Il le trouva en cherchant.

Ce serait une faute de dire : *Il fut découvert en cherchant*.

115 – Adjectif verbal

Marquant la manière d'être, c'est un participe présent employé comme adjectif qualificatif, variable en genre et en nombre.

*Un terrain **glissant**.* (épithète)
*La meute **hurlante** des chiens.*
*Ces enfants sont **encombrants**.* (attribut du sujet)
*On la releva **mourante**.* (attribut de l'objet *la*)
*La chienne, **haletante**, vint vers nous.* (apposition)

116 – Remarques sur les métamorphoses du participe présent

Le participe présent peut devenir un nom : *le commerçant, un aimant, les plaignants, une servante, des mendiants.*

Il arrive que le participe présent change d'écriture en se métamorphosant en adjectif verbal ou en nom. On remarquera surtout les cas suivants :

Participe présent	Adjectif verbal	Nom
adhérant	*adhérent*	*adhérent*
affluant	*affluent*	*affluent*
coïncidant	*coïncident*	
communiquant	*communicant*	
confluant	*confluent*	*confluent*
convainquant	*convaincant*	
convergeant	*convergent*	
déférant	*déférent*	*déférent*
détergeant	*détergent*	*détergent*
différant	*différent*	*différend*
divaguant	*divagant*	
divergeant	*divergent*	
émergeant	*émergent*	
équivalant	*équivalent*	*équivalent*
excédant	*excédant*	*excédent*
excellant	*excellent*	
expédiant	*expédient*	*expédient*
extravaguant	*extravagant*	*extravagant*
fabriquant		*fabricant*
fatiguant	*fatigant*	
influant	*influent*	
intriguant	*intrigant*	*intrigant*
naviguant	*navigant*	*navigant*

négligeant	*négligent*	*négligent*
précédant	*précédent*	*précédent*
présidant		*président*
provoquant	*provocant*	
révérant	*révérend*	*révérend*
résidant	*résidant*	*résident*
somnolant	*somnolent*	
suffoquant	*suffocant*	
urgeant	*urgent*	
vaquant	*vacant*	
violant	*violent*	*violent*
zigzaguant	*zigzagant*	

Les mots *exigeant, obligeant* conservent le *a* quand ils sont adjectifs.
Le participe présent devient quelquefois **adverbe** *(maintenant, cependant)*, **préposition** *(durant, concernant)* ou **conjonction** *(pendant que, suivant que)*.

117 – Participe passé

C'est le participe passé qui termine les temps composés *(j'ai mangé, fini, bu, pris, ouvert...)*. Mais il a d'autres emplois.

1) Le participe passé cœur d'une proposition participiale.

Ce participe absolu a un sujet propre.

L'enfant ***ayant fini*** *sa soupe, / sa mère le coucha.*

Le pneu ***réparé****, / il put repartir.*

2) Le participe passé verbal.

S'il est simple, il a le rôle d'un adjectif et peut avoir les mêmes fonctions et les mêmes degrés de signification.

Les cadeaux ***offerts***. (épithète)
Le gâteau est ***grillé***. (attribut du sujet)

S'il est composé, il se place en apposition et a la valeur d'un complément circonstanciel.

Le peintre, ***ayant nettoyé*** *ses pinceaux, alluma sa pipe.*
(compl. circ. de temps)
Son pneu ***ayant crevé****, il arriva en retard.*
(compl. circ. de cause)

L'auxiliaire peut être sous-entendu :

Courbaturée*, elle n'en continuait pas moins à biner.*
(compl. circ. de concession)

3) **Le participe passé peut devenir un nom** *(un arrêté, un compromis, une sortie, les mariés, un réduit)*, **une préposition** *(excepté, y compris, attendu)* ou **un élément de conjonction** *(attendu que, vu que)*.

Beaucoup d'adjectifs, malgré l'apparence, ne sont pas des participes présents (*bienveillant, élégant, hilarant, imprévoyant, probant*, etc.) ou des participes passés (*âgé, ampoulé, assidu, cutané, erroné, indiscipliné, inoccupé, susdit, stupéfait*, etc.).

118 – Accord du participe passé

1) 1er cas. Participe passé sans auxiliaire.

Ce participe, employé comme adjectif épithète ou apposition, **s'accorde avec le nom** (ou le pronom) auquel il se rapporte :

*Une femme instruit**e**.*
*Des garçons dissip**és**.*
*Bien align**és**, ils attendaient.*

Certains participes passés comme *approuvé, attendu, ci-inclus, ci-joint, excepté, non compris, ouï, passé, supposé, vu, y compris,* employés seuls ou placés devant le nom, jouent le rôle de prépositions et restent invariables.

__Vu__ les difficultés, nous y renonçons.

2) 2e cas. Participe passé employé avec l'auxiliaire *être*, ou un verbe analogue (*sembler, devenir*, etc.).

Ce participe, qui est souvent attribut, **s'accorde avec le sujet** du verbe :

*Les feuilles sont tomb**ées**.* (attribut)
*La maison paraissait abandonn**ée**.* (verbe passif)
*Les trains étaient arriv**és** avec du retard.* (verbe intransitif)

Il ne faut pas englober les verbes pronominaux (qui sont toujours conjugués avec *être*) dans cette catégorie. Ils sont traités au n° 120.

3) 3e cas. Participe passé employé avec l'auxiliaire *avoir*.

Ce participe **s'accorde avec le complément d'objet direct si celui-ci est placé avant le participe**.

*C'est la bonne route que vous avez pris**e**.*
(le compl. d'objet direct est *que*, mis pour *route*)
*Voici la lettre qu'elle m'a écrit**e**.*
*Elle nous a critiqu**és**.*
*Les billets qu'avait perd**us** votre fils.*
*Il l'a v**ue**, la fusée* ? (le compl. d'objet direct est *l'* ; *la fusée* est apposition insistante)

Ce participe reste invariable si le complément d'objet direct est placé après le participe ou s'il n'y a pas de complément d'objet direct :

*Vous avez **pris** la bonne route.*
(le compl. d'objet direct est *route*)
*Avez-vous **écrit** ces lettres ?*
*Ils ont bien **vécu**.* (pas de compl. d'objet direct)

119 – Cas spéciaux d'accord du participe passé

1) Participe passé immédiatement suivi d'un infinitif.

Si cet infinitif est de sens actif (il est alors possible de le faire précéder de l'expression « en train de »), on fait accorder le participe passé avec le complément d'objet direct :

*Les enfants que j'ai entend**us** crier.*
(Les enfants étaient en train de crier.)

Si cet infinitif est de sens passif, le participe passé reste invariable :

*La pièce que j'ai **vu** jouer.* (La pièce était jouée.)

Pour les participes comme *dit, dû, cru, pu, su, voulu,* il arrive qu'on n'énonce pas l'infinitif à la suite. Mais ils restent cependant invariables :

*Il a fait tous les efforts qu'il a **pu**.* (qu'il a pu faire)

2) Participe passé précédé de *en*.

Si ce *en* est complément d'objet direct, il est neutre et le participe passé reste invariable.
Mais si un adverbe de quantité précède *en*, celui-ci perd sa neutralité ; il y a un accord :

*Des fruits, combien j'en ai **mangés** !*

Quand *en* n'est pas complément d'objet direct, cela n'influe pas sur l'accord :

*Voici les cadeaux que nous en avons **reçus**.*

(le compl. d'objet direct est *que*, mis pour *cadeaux*, en étant le compl. circ. d'origine)

3) Participe passé précédé du pronom personnel *le*.

Si *le*, complément d'objet direct, est neutre, le participe passé reste invariable :

*Elle est punie comme elle l'avait **mérité**.*

Si *le* représente un nom déterminé, on fait accorder le participe passé :

*Cette vitrine, elle l'a **vue**.*

4) Participe passé d'un temps surcomposé.

Ces temps ayant deux participes passés, seul le dernier peut s'accorder le cas échéant :

*Dès qu'il les aura eu **finis**, mon frère vous aura rendu les livres.*

5) Verbes transitifs et intransitifs.

Certains verbes (comme *courir, goûter, danser, dormir, peser, sortir, valoir, vivre*) peuvent être, selon l'emploi, transitifs directs (il faut alors faire accorder le participe passé selon le 3e cas du n° 118) ou non (le participe passé reste alors invariable).

Exemples :

*Les chansons qu'elle a **chantées**.*

(*qu'* = compl. d'objet direct)

*Les deux heures qu'elle a **chanté**.*

(*qu'* = compl. circ. de temps)

*Les peines qu'il m'a **coûtées**.*
(*qu'* = compl. d'objet direct)
*Les mille francs qu'il m'a **coûté**.*
(*qu'* = compl. circ. de mesure de prix)
*Ces domestiques nous ont **servis**.*
(*nous* = compl. d'objet direct)
*Ces documents nous ont **servi**.*
(*nous* = compl. d'objet indirect)

120 – Participe passé des verbes pronominaux

S'accordent avec le sujet les participes passés des verbes :

a) essentiellement pronominaux (sauf *s'arroger*) :

*Ils se sont **ingéniés** à faire cela.*
*Elle s'est **prélassée** toute la journée.*

b) pronominaux réciproques :

*Ils se sont **battus** et **entre-déchirés**.*

c) pronominaux de sens passif :

*Ces articles se sont bien **vendus**.*

Pour les autres verbes pronominaux, le participe passé s'accorde selon le 3e cas du n° 118 (dans le raisonnement, on doit imaginer ce participe passé construit avec *avoir*) :

*Elle s'est **arrogé** tous les pouvoirs.*
(le compl. d'objet direct est *pouvoirs*)
*Les pouvoirs qu'elle s'est **arrogés**.*
*Ils se sont **lavés**.* (le compl. d'objet direct est *se*)
*Ils se sont **lavé** les mains.*
(le compl. d'objet direct est *mains*)

*Elles se sont **détestées**.*
(*se* est compl. d'objet direct)
*Les événements se sont **succédé**.*
(*se* est compl. d'objet indirect)

121 – Participe passé des verbes impersonnels

Les participes passés des verbes impersonnels ou employés impersonnellement sont toujours invariables :

*La quantité de gâteaux qu'il a **fallu**.*
*La tempête qu'il a **fait** la nuit dernière.*

Verbes paradigmes

122 – Verbe *avoir*

Mode indicatif	
Présent	**Imparfait**
J' ai	J' avais
Tu as	Tu avais
Il a	Il avait
Nous avons	Nous avions
Vous avez	Vous aviez
Ils ont	Ils avaient
Passé simple	**Futur simple**
J' eus	J' aurai
Tu eus	Tu auras
Il eut	Il aurait
Nous eûmes	Nous aurons
Vous eûtes	Vous aurez
Ils eurent	Ils auront
Passé composé	**Plus-que-parfait**
J' ai eu	J' avais eu
Tu as eu	Tu avais eu
Il a eu	Il avait eu
Nous avons eu	Nous avions eu
Vous avez eu	Vous aviez eu
Ils ont eu	Ils avaient eu
Passé antérieur	**Futur antérieur**
J' eus eu	J' aurai eu
Tu eus eu	Tu auras eu
Il eut eu	Il aura eu
Nous eûmes eu	Nous aurons eu
Vous eûtes eu	Vous aurez eu
Ils eurent eu	Ils auront eu

MODE SUBJONCTIF

Présent			Passé		
Que	j'	aie	Que j'	aie	eu
Que	tu	aies	Que tu	aies	eu
Qu'	il	ait	Qu'il	ait	eu
Que	nous	ayons	Que nous	ayons	eu
Que	vous	ayez	Que vous	ayez	eu
Qu'	ils	aient	Qu'ils	aient	eu

Imparfait			Plus-que-parfait		
Que	j'	eusse	Que j'	eusse	eu
Que	tu	eusses	Que tu	eusses	eu
Qu'	il	eût	Qu' il	eût	eu
Que	nous	eussions	Que nous	eussions	eu
Que	vous	eussiez	Que vous	eussiez	eu
Qu'	ils	eussent	Qu' ils	eussent	eu

MODE CONDITIONNEL

Présent		Passé 1re forme		
J'	aurais	J'	aurais	eu
Tu	aurais	Tu	aurais	eu
Il	aurait	Il	aurait	eu
Nous	aurions	Nous	aurions	eu
Vous	auriez	Vous	auriez	eu
Ils	auraient	Ils	auraient	eu

Passé 2e forme

J'	eusse	eu
Tu	eusses	eu
Il	eût	eu
Nous	eussions	eu
Vous	eussiez	eu
Ils	eussent	eu

MODE IMPÉRATIF

Présent	Passé	
Aie	Aie	eu
Ayons	Ayons	eu
Ayez	Ayez	eu

<table>
<tr><th colspan="6">MODE INFINITIF</th></tr>
<tr><td colspan="3">Présent
avoir</td><td colspan="3">Passé
avoir eu</td></tr>
<tr><th colspan="6">MODE PARTICIPE</th></tr>
<tr><td colspan="2">Présent
ayant</td><td colspan="2">Passé
eu</td><td colspan="2">Passé composé
ayant eu</td></tr>
</table>

123 – Verbe *être*

<table>
<tr><th colspan="2">MODE INDICATIF</th></tr>
<tr><td>Présent
Je suis
Tu es
Il est
Nous sommes
Vous êtes
Ils sont</td><td>Imparfait
J' étais
Tu étais
Il était
Nous étions
Vous étiez
Ils étaient</td></tr>
<tr><td>Passé simple
Je fus
Tu fus
Il fut
Nous fûmes
Vous fûtes
Ils furent</td><td>Futur simple
Je serai
Tu seras
Il sera
Nous serons
Vous serez
Ils seront</td></tr>
<tr><td>Passé composé
J' ai été
Tu as été
Il a été
Nous avons été
Vous avez été
Ils ont été</td><td>Plus-que-parfait
J' avais été
Tu avais été
Il avait été
Nous avions été
Vous aviez été
Ils avaient été</td></tr>
<tr><td>Passé antérieur
J' eus été
Tu eus été
Il eut été
Nous eûmes été
Vous eûtes été
Ils eurent été</td><td>Futur antérieur
J' aurai été
Tu auras été
Il aura été
Nous aurons été
Vous aurez été
Ils auront été</td></tr>
</table>

MODE SUBJONCTIF

Présent	Passé
Que je sois	Que j'aie été
Que tu sois	Que tu aies été
Qu' il soit	Qu' il ait été
Que nous soyons	Que nous ayons été
Que vous soyez	Que vous ayez été
Qu' ils soient	Qu' ils aient été
Imparfait	**Plus-que-parfait**
Que je fusse	Que j' eusse été
Que tu fusses	Que tu eusses été
Qu' il fût	Qu' il eût été
Que nous fussions	Que nous eussions été
Que vous fussiez	Que vous eussiez été
Qu' ils fussent	Qu' ils eussent été

MODE CONDITIONNEL

Présent	Passé 1re forme
Je serais	J' aurais été
Tu serais	Tu aurais été
Il serait	Il aurait été
Nous serions	Nous aurions été
Vous seriez	Vous auriez été
Ils seraient	Ils auraient été

Passé 2e forme
J' eusse été
Tu eusses été
Il eût été
Nous eussions été
Vous eussiez été
Ils eussent été

MODE IMPÉRATIF

Présent	Passé
Sois	Aie été
Soyons	Ayons été
Soyez	Ayez été

MODE INFINITIF	
Présent	**Passé**
être	avoir été

MODE PARTICIPE		
Présent	**Passé**	**Passé composé**
étant	été	ayant été

124 – Verbe *chanter* (1er groupe)

Mode indicatif	
Présent	**Imparfait**
Je *chant* e	Je *chant* ais
Tu *chant* es	Tu *chant* ais
Il *chant* e	Il *chant* ait
Nous *chant* ons	Nous *chant* ions
Vous *chant* ez	Vous *chant* iez
Ils *chant* ent	Ils *chant* aient
Passé simple	**Futur simple**
Je *chant* ai	Je *chant* erai
Tu *chant* as	Tu *chant* eras
Il *chant* a	Il *chant* era
Nous *chant* âmes	Nous *chant* erons
Vous *chant* âtes	Vous *chant* erez
Ils *chant* èrent	Ils *chant* eront
Passé composé	**Plus-que-parfait**
J' ai *chant* é	J' avais *chant* é
Tu as *chant* é	Tu avais *chant* é
Il a *chant* é	Il avait *chant* é
Nous avons *chant* é	Nous avions *chant* é
Vous avez *chant* é	Vous aviez *chant* é
Ils ont *chant* é	Ils avaient *chant* é
Passé antérieur	**Futur antérieur**
J' eus *chant* é	J' aurai *chant* é
Tu eus *chant* é	Tu auras *chant* é
Il eut *chant* é	Il aura *chant* é
Nous eûmes *chant* é	Nous aurons *chant* é
Vous eûtes *chant* é	Vous aurez *chant* é
Ils eurent *chant* é	Ils auront *chant* é

Mode subjonctif

Présent	Passé
Que je *chant* e	Que j' aie *chant* é
Que tu *chant* es	Que tu aies *chant* é
Qu' il *chant* e	Qu' il ait *chant* é
Que nous *chant* ions	Que nous ayons *chant* é
Que vous *chant* iez	Que vous ayez *chant* é
Qu' ils *chant* ent	Qu' ils aient *chant* é
Imparfait	**Plus-que-parfait**
Que je *chant* asse	Que j' eusse *chant* é
Que tu *chant* asses	Que tu eusses *chant* é
Qu' il *chant* ât	Qu' il eût *chant* é
Que nous *chant* assions	Que nous eussions *chant* é
Que vous *chant* assiez	Que vous eussiez *chant* é
Qu' ils *chant* assent	Qu' ils eussent *chant* é

Mode conditionnel

Présent	Passé 1re forme
Je *chant* erais	J' aurais *chant* é
Tu *chant* erais	Tu aurais *chant* é
Il *chant* erait	Il aurait *chant* é
Nous *chant* erions	Nous aurions *chant* é
Vous *chant* eriez	Vous auriez *chant* é
Ils *chant* eraient	Ils auraient *chant* é

Passé 2e forme
J' eusse *chant* é
Tu eusses *chant* é
Il eût *chant* é
Nous eussions *chant* é
Vous eussiez *chant* é
Ils eussent *chant* é

Mode impératif

Présent	Passé
Chant e	Aie *chant* é
Chant ons	Ayons *chant* é
Chant ez	Ayez *chant* é

<table>
<tr><th colspan="6">MODE INFINITIF</th></tr>
<tr><td colspan="3">Présent
chant er</td><td colspan="3">Passé
avoir chant é</td></tr>
<tr><th colspan="6">MODE PARTICIPE</th></tr>
<tr><td colspan="2">Présent
chant ant</td><td colspan="2">Passé
chant é</td><td colspan="2">Passé composé
ayant chant é</td></tr>
</table>

125 – Verbe *finir* (2e groupe)

Mode indicatif					
Présent			**Imparfait**		
Je		*fin* is	Je		*fin* issais
Tu		*fin* is	Tu		*fin* issais
Il		*fin* it	Il		*fin* issait
Nous		*fin* issons	Nous		*fin* issions
Vous		*fin* issez	Vous		*fin* issiez
Ils		*fin* issent	Ils		*fin* issaient
Passé simple			**Futur simple**		
Je		*fin* is	Je		*fin* irai
Tu		*fin* is	Tu		*fin* iras
Il		*fin* it	Il		*fin* irat
Nous		*fin* îmes	Nous		*fin* irons
Vous		*fin* îtes	Vous		*fin* irez
Ils		*fin* irent	Ils		*fin* iront
Passé composé			**Plus-que-parfait**		
J'	ai	*fin* i	J'	avais	*fin* i
Tu	as	*fin* i	Tu	avais	*fin* i
Il	a	*fin* i	Il	avait	*fin* i
Nous	avons	*fin* i	Nous	avions	*fin* i
Vous	avez	*fin* i	Vous	aviez	*fin* i
Ils	ont	*fin* i	Ils	avaient	*fin* i
Passé antérieur			**Futur antérieur**		
J'	eus	*fin* i	J'	aurai	*fin* i
Tu	eus	*fin* i	Tu	auras	*fin* i
Il	eut	*fin* i	Il	aura	*fin* i
Nous	eûmes	*fin* i	Nous	aurons	*fin* i
Vous	eûtes	*fin* i	Vous	aurez	*fin* i
Ils	eurent	*fin* i	Ils	auront	*fin* i

Mode subjonctif

Présent			Passé			
Que	je	*fin* isse	Que	j'	aie	*fin* i
Que	tu	*fin* isses	Que	tu	aies	*fin* i
Qu'	il	*fin* isse	Qu'	il	ait	*fin* i
Que	nous	*fin* issions	Que	nous	ayons	*fin* i
Que	vous	*fin* issiez	Que	vous	ayez	*fin* i
Qu'	ils	*fin* issent	Qu'	ils	aient	*fin* i

Imparfait			Plus-que-parfait			
Que	je	*fin* isse	Que	j'	eusse	*fin* i
Que	tu	*fin* isses	Que	tu	eusses	*fin* i
Qu'	il	*fin* ît	Qu'	il	eût	*fin* i
Que	nous	*fin* issions	Que	nous	eussions	*fin* i
Que	vous	*fin* issiez	Que	vous	eussiez	*fin* i
Qu'	ils	*fin* issent	Qu'	ils	eussent	*fin* i

Mode conditionnel

Présent		Passé 1re forme		
Je	*fin* irais	J'	aurais	*fin* i
Tu	*fin* irais	Tu	aurais	*fin* i
Il	*fin* irait	Il	aurait	*fin* i
Nous	*fin* irions	Nous	aurions	*fin* i
Vous	*fin* iriez	Vous	auriez	*fin* i
Ils	*fin* iraient	Ils	auraient	*fin* i

Passé 2e forme

J'	eusse	*fin* i
Tu	eusses	*fin* i
Il	eût	*fin* i
Nous	eussions	*fin* i
Vous	eussiez	*fin* i
Ils	eussent	*fin* i

Mode impératif

Présent	Passé	
Fin is	Aie	*fin* i
Fin issons	Ayons	*fin* i
Fin issez	Ayez	*fin* i

MODE INFINITIF	
Présent	**Passé**
fin ir	avoir *fin* i

MODE PARTICIPE		
Présent	**Passé**	**Passé composé**
fin issant	*fin* i	ayant *fin* i

126 – Verbe *rendre* (3e groupe ; auxiliaire *avoir*)

Mode indicatif					
Présent			**Imparfait**		
Je		*rend* s	Je		*rend* ais
Tu		*rend* s	Tu		*rend* ais
Il		*rend*	Il		*rend* ait
Nous		*rend* ons	Nous		*rend* ions
Vous		*rend* ez	Vous		*rend* iez
Ils		*rend* ent	Ils		*rend* aient
Passé simple			**Futur simple**		
Je		*rend* is	Je		*rend* rai
Tu		*rend* is	Tu		*rend* ras
Il		*rend* it	Il		*rend* ra
Nous		*rend* îmes	Nous		*rend* rons
Vous		*rend* îtes	Vous		*rend* rez
Ils		*rend* irent	Ils		*rend* ront
Passé composé			**Plus-que-parfait**		
J'	ai	*rend* u	J'	avais	*rend* u
Tu	as	*rend* u	Tu	avais	*rend* u
Il	a	*rend* u	Il	avait	*rend* u
Nous	avons	*rend* u	Nous	avions	*rend* u
Vous	avez	*rend* u	Vous	aviez	*rend* u
Ils	ont	*rend* u	Ils	avaient	*rend* u
Passé antérieur			**Futur antérieur**		
J'	eus	*rend* u	J'	aurai	*rend* u
Tu	eus	*rend* u	Tu	auras	*rend* u
Il	eut	*rend* u	Il	aura	*rend* u
Nous	eûmes	*rend* u	Nous	aurons	*rend* u
Vous	eûtes	*rend* u	Vous	aurez	*rend* u
Ils	eurent	*rend* u	Ils	auront	*rend* u

MODE SUBJONCTIF

Présent			Passé		
Que	je	*rend* e	Que j'	aie	*rend* u
Que	tu	*rend* es	Que tu	aies	*rend* u
Qu'	il	*rend* e	Qu' il	ait	*rend* u
Que	nous	*rend* ions	Que nous	ayons	*rend* u
Que	vous	*rend* iez	Que vous	ayez	*rend* u
Qu'	ils	*rend* ent	Qu' ils	aient	*rend* u

Imparfait		Plus-que-parfait		
Que je	*rend* isse	Que j'	eusse	*rend* u
Que tu	*rend* isses	Que tu	eusses	*rend* u
Qu' il	*rend* ît	Qu' il	eût	*rend* u
Que nous	*rend* issions	Que nous	eussions	*rend* u
Que vous	*rend* issiez	Que vous	eussiez	*rend* u
Qu' ils	*rend* issent	Qu' ils	eussent	*rend* u

MODE CONDITIONNEL

Présent		Passé 1re forme		
Je	*rend* rais	J'	aurais	*rend* u
Tu	*rend* rais	Tu	aurais	*rend* u
Il	*rend* rait	Il	aurait	*rend* u
Nous	*rend* rions	Nous	aurions	*rend* u
Vous	*rend* riez	Vous	auriez	*rend* u
Ils	*rend* raient	Ils	auraient	*rend* u

Passé 2e forme

J'	eusse	*rend* u
Tu	eusses	*rend* u
Il	eût	*rend* u
Nous	eussions	*rend* u
Vous	eussiez	*rend* u
Ils	eussent	*rend* u

MODE IMPÉRATIF

Présent	Passé	
Rend s	Aie	*rend* u
Rend ons	Ayons	*rend* u
Rend ez	Ayez	*rend* u

MODE INFINITIF	
Présent	**Passé**
rend re	avoir *rend* u

MODE PARTICIPE		
Présent	**Passé**	**Passé composé**
rend ant	*rend* u	ayant *rend* u

127 – Verbe *aller* (3e groupe ; auxiliaire *être*)

Mode indicatif					
Présent			**Imparfait**		
Je	vais		J'	all ais	
Tu	vas		Tu	all ais	
Il	va		Il	all ait	
Nous	allons		Nous	all ions	
Vous	allez		Vous	all iez	
Ils	vont		Ils	all aient	
Passé simple			**Futur simple**		
J'	all ai		J'	irai	
Tu	all as		Tu	iras	
Il	all a		Il	ira	
Nous	all âmes		Nous	irons	
Vous	all âtes		Vous	irez	
Ils	all èrent		Ils	iront	
Passé composé			**Plus-que-parfait**		
Je	suis	all é	J'	étais	all é
Tu	es	all é	Tu	étais	all é
Il	est	all é	Il	était	all é
Nous	sommes	all és	Nous	étions	all és
Vous	êtes	all és	Vous	étiez	all és
Ils	sont	all és	Ils	étaient	all és
Passé antérieur			**Futur antérieur**		
Je	fus	all é	Je	serai	all é
Tu	fus	all é	Tu	seras	all é
Il	fut	all é	Il	sera	all é
Nous	fûmes	all és	Nous	serons	all és
Vous	fûtes	all és	Vous	serez	all és
Ils	furent	all és	Ils	seront	all és

Mode subjonctif

Présent			Passé		
Que	j'	aille	Que je	sois	all é
Que	tu	ailles	Que tu	sois	all é
Qu'	il	aille	Qu' il	soit	all é
Que	nous	all ions	Que nous	soyons	all és
Que	vous	all iez	Que vous	soyez	all és
Qu'	ils	aill ent	Qu' ils	soient	all és

Imparfait			Plus-que-parfait		
Que	j'	all asse	Que je	fusse	all é
Que	tu	all asses	Que tu	fusses	all é
Qu'	il	all ât	Qu' il	fût	all é
Que	nous	all assions	Que nous	fussions	all és
Que	vous	all assiez	Que vous	fussiez	all és
Qu'	ils	all assent	Qu' ils	fussent	all és

Mode conditionnel

Présent		Passé 1re forme		
J'	irais	Je	serais	all é
Tu	irais	Tu	serais	all é
Il	irait	Il	serait	all é
Nous	irions	Nous	serions	all és
Vous	iriez	Vous	seriez	all és
Ils	iraient	Ils	seraient	all és

Passé 2e forme

Je	fusse	all é
Tu	fusses	all é
Il	fût	all é
Nous	fussions	all és
Vous	fussiez	all és
Ils	fussent	all és

Mode impératif

Présent	Passé	
Va	Sois	all é
All ons	Soyons	all é
All ez	Soyez	all é

<table>
<tr><td colspan="6">MODE INFINITIF</td></tr>
<tr><td colspan="3">Présent
all er</td><td colspan="3">Passé
être all é</td></tr>
<tr><td colspan="6">MODE PARTICIPE</td></tr>
<tr><td colspan="2">Présent
all ant</td><td colspan="2">Passé
all é</td><td colspan="2">Passé composé
étant all é</td></tr>
</table>

Conjugaison au féminin : dans les temps composés, le participe passé doit s'accorder avec le sujet *(elle est allée, elles sont allées)*.

128 – Conjugaisons diverses (au présent et au passé composé de l'indicatif)

1) Conjugaison à la voix passive.

Je suis puni	J'ai été puni
Tu es puni	Tu as été puni
Il est puni	Il a été puni
Nous sommes punis	Nous avons été punis
Vous êtes punis	Vous avez été punis
Ils sont punis	Ils ont été punis

Pour conjuguer un verbe à la voix passive, il suffit de conjuguer le verbe *être* et d'y ajouter le participe passé du verbe.

2) Conjugaison à la forme pronominale.

Je me lave	Je me suis lavé
Tu te laves	Tu t'es lavé
Il se lave	Il s'est lavé
Nous nous lavons	Nous nous sommes lavés
Vous vous lavez	Vous vous êtes lavés
Ils se lavent	Ils se sont lavés

3) Conjugaison négative.

Je ne chante pas	Je n'ai pas chanté
Tu ne chantes pas	Tu n'as pas chanté
Il ne chante pas	Il n'a pas chanté
Nous ne chantons pas	Nous n'avons pas chanté
Vous ne chantez pas	Vous n'avez pas chanté
Ils ne chantent pas	Ils n'ont pas chanté

4) Conjugaison interrogative.

Chanté-je ?	Ai-je chanté ?
Chantes-tu ?	As-tu chanté ?
Chante-t-il ?	A-t-il chanté ?
Chantons-nous ?	Avons-nous chanté ?
Chantez-vous ?	Avez-vous chanté ?
Chantent-ils ?	Ont-ils chanté ?

5) Conjugaison interro-négative.

Ne chanté-je pas ?	N'ai-je pas chanté ?
Ne chantes-tu pas ?	N'as-tu pas chanté ?
Ne chante-t-il pas ?	N'a-t-il pas chanté ?
Ne chantons-nous pas ?	N'avons-nous pas chanté ?
Ne chantez-vous pas ?	N'avez-vous pas chanté ?
Ne chantent-ils pas ?	N'ont-ils pas chanté ?

129 – Conjugaison impersonnelle

<table>
<tr><th colspan="2">INDICATIF</th></tr>
<tr><td>Présent : il pleut
Imparfait : il pleuvait
Passé simple : il plut
Futur : il pleuvra</td><td>Passé composé : il a plu
Plus-que-parfait : il avait plu
Passé antérieur : il eut plu
Futur antérieur : il aura plu</td></tr>
<tr><th colspan="2">CONDITIONNEL</th></tr>
<tr><td>Présent : il pleuvrait</td><td>1er passé : il aurait plu
2e passé : il eût plu</td></tr>
<tr><th colspan="2">IMPÉRATIF
(inusité)</th></tr>
<tr><th colspan="2">SUBJONCTIF</th></tr>
<tr><td>Présent : qu'il pleuve
Imparfait : qu'il plût</td><td>Passé : qu'il ait plu
Plus-que-parfait : qu'il eût plu</td></tr>
<tr><th colspan="2">PARTICIPE</th></tr>
<tr><td>Présent : pleuvant</td><td>Passé : plu ; ayant plu</td></tr>
<tr><th colspan="2">INFINITIF</th></tr>
<tr><td>Présent : pleuvoir</td><td>Passé : avoir plu</td></tr>
</table>

130 – Conjugaisons du 1er groupe

Le modèle en est le verbe ***chanter*** (voir n° 124). Il suffit de remplacer le radical *chant* de ce verbe (en italique dans le tableau) par le radical du verbe que l'on veut conjuguer. Le cas échéant, il sera tenu compte des particularités suivantes.

a) Verbes en -*cer*.
Dans les verbes comme *lancer*, le *c* prend une cédille devant *a* ou *o* :

Je lance, il lançait, nous lançons.

b) Verbes en -*ger*.
Dans les verbes comme *ranger*, le *g* est suivi d'un *e* devant *a* ou *o* :

Je range, nous rangeons, il rangeait.

c) Verbes en -*guer*.
Dans les verbes comme *narguer*, le *u* du radical est conservé dans toute la conjugaison :

Je narguais, narguant, nous narguons.

d) Verbes en -*oyer* et -*uyer*.
Dans les verbes comme *employer* ou *essuyer*, l'*y* se change en *i* devant un *e* muet :

J'emploie, ils employaient, j'emploierai.
J'essuie, nous essuyons, vous essuieriez.

e) Verbes en -*ayer*.
Dans les verbes comme *balayer*, l'*y* peut être changé en *i* devant un *e* muet :

Je balaie ou *je balaye ; nous balayons.*
Je paierai ou *je payerai ; vous payez.*

f) Verbes en -*eyer*.
Dans les verbes comme *grasseyer*, l'*y* est conservé dans toute la conjugaison :

Je grasseye, ils grasseyent.

g) Verbes en *-é-er*.

Dans les verbes comme *céder, espérer, disséquer, sécher*, qui ont un *é* à l'avant-dernière syllabe, on change ce *é* en *è* devant une syllabe finale muette :

Je cède, nous cédons, ils cèdent, je céderai, je réglerais, ils pénètrent, ils pénétreront.

h) Verbes en *-eler* et *-eter*.

Ces verbes ont deux conjugaisons :

1) Conjugaison en *-èle, -ète*, avec un *è* devant une syllabe muette pour les verbes :

celer	*encasteler (s')*	*acheter*
ciseler	*geler*	*bégueter*
congeler	*harceler*	*corseter*
déceler	*marteler*	*crocheter*
décongeler	*modeler*	*fileter*
dégeler	*peler*	*fureter*
démanteler	*receler*	*haleter*
désurgeler	*regeler*	*racheter*
écarteler	*surgeler*	

Je gèle, nous gelons, ils gèlent, nous gèlerons. J'achète, nous achetons, nous achèterions.

2) Conjugaison en *-elle, -ette*, pour les autres verbes :

J'appelle, nous appelons, ils appelleraient. Je jette, nous jetons, vous jetterez.

i) Verbes en *-e-er*.

Dans les autres verbes en *-e-er*, qui ne finissent pas en *-eler* ou *-eter*, comme *achever, peser, se démener*, le *e* de l'avant-dernière syllabe devient *è* devant une syllabe muette :

Je sème, nous achèverons, ils pèsent, nous achevons, vous vous démenez.

j) Verbes en *-éer*.
Dans les verbes comme *créer*, l'accent aigu du radical est conservé dans toute la conjugaison :

Je crée, nous créerons, ils créèrent.

k) Impératif.
Les verbes du 1er groupe finissent par un *e* au singulier de l'impératif :

*Mang**e**, donn**e**, retourn**e**, roul**e** ;*

mais on ajoute un *s* si cet impératif est suivi de *y* ou *en* complément du verbe :

*Manges-**en**, retournes-**y*** ; mange en silence.

131 – Conjugaisons du 2e groupe

Le modèle en est le verbe ***finir*** (voir n° 125). Il suffit de remplacer le radical *fin* de ce verbe (en italique dans le tableau) par le radical du verbe que l'on veut conjuguer. Le cas échéant, il sera tenu compte des particularités suivantes.

a) Verbe *bénir*.
Ce verbe, dont le participe passé est *béni (Il a béni le ciel)* a conservé un ancien participe *(bénit)* qui ne sert plus guère que comme participe-adjectif : *pain béni**t**, eau béni**te**.*

b) Verbe *fleurir*.
Ce verbe a deux imparfaits *(il fleurissait, il florissait)* et deux participes présents *(fleurissant, florissant)*. La seconde forme, avec *o*, ne s'emploie qu'au sens figuré :

*Le cerisier fleurissait. Son entreprise **florissait**.*

c) Verbe *haïr*.
Ce verbe ne prend pas le tréma sur le *i* au singulier du présent de l'indicatif et de l'impératif :

*Je **hais**, tu **hais**, il **hait**, nous haïssons.*
***Hais**, haïssons, haïssez.*

Il ne prend pas l'accent circonflexe au passé simple de l'indicatif et à l'imparfait du subjonctif :

Je haïs, tu haïs, il haït, nous haïmes, vous haïtes, ils haïrent, qu'il haït.

132 – Conjugaisons du 3e groupe

Les verbes du 3e groupe sont les verbes irréguliers, ceux qui ne se soumettent pas aux deux premières conjugaisons. On ne crée pas de verbes dans ce groupe, alors qu'il s'en crée facilement dans le premier ou le deuxième.

Certains verbes de ce groupe sont un peu délaissés, à cause des difficultés de conjugaison ; l'usage tend à leur substituer des verbes du 1er groupe. Ainsi, *résoudre, émouvoir, feindre, recevoir, vêtir* reculent devant *solutionner, émotionner, feinter, réceptionner, habiller*. On invente *mouliner* pour ne plus conjuguer *moudre*. Il faut s'efforcer de ne pas tomber dans cette grisaille : il y a une sorte d'élégance à employer les verbes du 3e groupe.

Ce groupe renferme quelques-uns des verbes les plus utiles de la langue. Il est nécessaire de les connaître et nous les avons groupés ci-après.

133 – Répertoire des principaux verbes du 3e groupe

Dans les conjugaisons qui suivent, nous ne donnons que l'amorce des temps et les formes remarquables qui peuvent faire hésiter.

Le présent du conditionnel n'est pas mentionné parce que son début est analogue (à quelques lettres près) à celui du futur de l'indicatif :

Futur : *j'absoudrai, tu absoudras...*

Conditionnel : *j'absoudrais, tu absoudrais...*

abattre — comme *battre.*

absoudre — Indic. présent : *j'absous, il absout, nous absolvons, ils absolvent.*
Imparfait : *j'absolvais.*
Passé simple (inusité).
Futur : *j'absoudrai.*
Impératif : *absous, absolvons, absolvez.*
Subj. présent : *que j'absolve, que nous absolvions.*
Imparfait (inusité).
Participe : *absolvant ; absous, absoute.*

abstenir (s') — comme *tenir.*

abstraire — comme *traire.*

accourir — comme *courir.*

accroître — Indic. présent : *j'accrois, il accroît, nous accroissons, ils accroissent.*
Imparfait : *j'accroissais.*
Passé simple : *j'accrus, il accrut, nous accrûmes, vous accrûtes, ils accrurent.*
Futur : *j'accroîtrai.*
Impératif : *accrois, accroissons, accroissez.*
Subj. présent : *que j'accroisse.*
Imparfait : *que j'accrusse, qu'il accrût.*
Participe : *accroissant ; accru.*

accueillir — comme *cueillir.*

acquérir — Indic. présent : *j'acquiers, il acquiert, nous acquérons, ils acquièrent.*
Imparfait : *j'acquérais, nous acquérions.*
Passé simple : *j'acquis.*
Futur : *j'acquerrai.*

Impératif : *acquiers, acquérons, acquérez.*
Subj. présent : *que j'acquière, que nous acquérions, qu'ils acquièrent.*
Imparfait : *que j'acquisse, qu'il acquît.*
Participe : *acquérant ; acquis.*

adjoindre — comme *joindre.*

admettre — comme *mettre.*

advenir — comme *tenir.* Étant verbe impersonnel, il ne s'emploie qu'à la 3e personne du singulier et avec l'auxiliaire *être : il advient ; il est advenu.*

aller — voir n° 127.

apercevoir — Indic. présent : *j'aperçois, nous apercevons, ils aperçoivent.*
Imparfait : *j'apercevais, nous apercevions.*
Passé simple : *j'aperçus.*
Futur : *j'apercevrai.*
Impératif : *aperçois, apercevons, apercevez.*
Subj. présent : *que j'aperçoive, que nous apercevions.*
Imparfait : *que j'aperçusse, qu'il aperçût.*
Participe : *apercevant ; aperçu.*

apparaître — comme *paraître.*

appartenir — comme *tenir.*

apprendre — comme *prendre.*

assaillir — Indic. présent : *j'assaille, nous assaillons.*
Imparfait : *j'assaillais, nous assaillions.*
Passé simple : *j'assaillis.*

Futur : *j'assaillirai.*
Impératif : *assaille, assaillons, assaillez.*
Subj. présent : *que j'assaille, que nous assaillions.*
Imparfait : *que j'assaillisse, qu'il assaillît.*
Participe : *assaillant ; assailli.*

asseoir (s') — Indic. présent : *je m'assois, il s'assoit, nous nous assoyons, ils s'assoient.*
Ou : *je m'assieds, il s'assied, nous nous asseyons, ils s'asseyent.*
Imparfait : *je m'assoyais, nous nous assoyions.*
Ou : *je m'asseyais, nous nous asseyions.*
Passé simple : *je m'assis.*
Futur : *je m'assoirai.*
Ou : *je m'asseyerai* (rare) ; *je m'assiérai.*
Impératif : *assois-toi, assoyons-nous, assoyez-vous.*
Ou : *assieds-toi, asseyons-nous, asseyez-vous.*
Subj. présent : *que je m'assoie, que nous nous assoyions.*
Ou : *que je m'asseye, que nous nous asseyions.*
Imparfait : *que je m'assisse, qu'il s'assît.*
Participe : *s'assoyant* ou *s'asseyant ; assis.*

astreindre — comme *atteindre.*

atteindre — Indic. présent : *j'atteins, il atteint, nous atteignons, ils atteignent.*
Imparfait : *j'atteignais, nous atteignions.*
Passé simple : *j'atteignis, nous atteignîmes.*
Futur : *j'atteindrai.*
Impératif : *atteins, atteignons, atteignez.*
Subj. présent : *que j'atteigne, que nous atteignions.*

Imparfait : *que j'atteignisse, qu'il atteignît.*
Participe : *atteignant ; atteint.*

attendre — comme *rendre*, voir n° 126.

avoir — voir n° 122.

battre — Indic. présent : *je bats, il bat, nous battons, ils battent.*
Imparfait : *je battais, nous battions.*
Passé simple : *je battis.*
Futur : *je battrai.*
Impératif : *bats, battons, battez.*
Subj. présent : *que je batte, que nous battions.*
Imparfait : *que je battisse, qu'il battît.*
Participe : *battant ; battu.*

boire — Indic. présent : *je bois, nous buvons, ils boivent.*
Imparfait : *je buvais.*
Passé simple : *je bus, nous bûmes.*
Futur : *je boirai.*
Impératif : *bois, buvons, buvez.*
Subj. présent : *que je boive, que nous buvions, qu'ils boivent.*
Imparfait : *que je busse, qu'il bût.*
Participe : *buvant ; bu.*

bouillir — Indic. présent : *je bous, nous bouillons, ils bouillent.*
Imparfait : *je bouillais, nous bouillions.*
Passé simple : *je bouillis.*
Futur : *je bouillirai.*
Impératif : *bous, bouillons, bouillez.*
Subj. présent : *que je bouille, que nous bouillions.*

Imparfait : *que je bouillisse, qu'il bouillît.*
Participe : *bouillant ; bouilli.*

ceindre — comme *atteindre.*

circoncire — comme *confire.*

circonscrire — comme *écrire.*

circonvenir — comme *tenir.*

clore — n'est usité qu'aux formes suivantes :
Indic. présent : *je clos, tu clos, il clôt, ils closent.*
Futur : *je clorai* (en entier).
Condit. présent : *je clorais* (en entier).
Impératif : *clos.*
Subj. présent : *que je close* (en entier).
Participe : *closant, clos.*
Il est également usité aux temps composés.

combattre — comme *battre.*

commettre — comme *mettre.*

comparaître — comme *paraître.*

complaire — comme *plaire.*

comprendre — comme *prendre.*

compromettre — comme *mettre.*

concevoir — comme *apercevoir.*

conclure — Indic. présent : *je conclus, il conclut, nous concluons, ils concluent.*
Imparfait : *je concluais, nous concluions.*
Passé simple : *je conclus.*

Futur : *je conclurai.*
Impératif : *conclus, concluons, concluez.*
Subj. présent : *que je conclue, qu'il conclue, que nous concluions.*
Imparfait : *que je conclusse, qu'il conclût.*
Participe : *concluant ; conclu.*

concourir — comme *courir.*

condescendre — comme *rendre,* voir n° 126.

conduire — comme *cuire.*

confire — Indic. présent : *je confis, nous confisons.*
Imparfait : *je confisais.*
Passé simple : *je confis, nous confîmes.*
Futur : *je confirai.*
Impératif : *confis, confisons, confisez.*
Subj. présent : *que je confise, que nous confisions.*
Imparfait : *que je confisse, qu'il confît.*
Participe : *confisant ; confit.*

confondre — comme *rendre,* voir n° 126.

connaître — comme *paraître.*

conquérir — comme *acquérir.*

consentir — comme *mentir.*

construire — comme *cuire.*

contenir — comme *tenir.*

contraindre — comme *craindre.*

contredire — Indic. présent : *je contredis, nous contredisons, vous contredisez.*
Imparfait : *je contredisais, vous contredisiez.*
Passé simple : *je contredis, nous contredîmes, vous contredîtes.*
Futur : *je contredirai.*
Impératif : *contredis, contredisons, contredisez.*
Subj. présent : *que je contredise.*
Imparfait : *que je contredisse, qu'il contredît.*
Participe : *contredisant ; contredit.*

contrefaire — comme *faire.*

contrevenir — comme *tenir.*

convaincre — comme *vaincre.*

convenir — comme *tenir.* En langage soutenu, on emploie :

a) l'auxiliaire *avoir* dans le sens de « être approprié, satisfaisant ».

Cette cravate ne lui a pas convenu.

b) l'auxiliaire *être* dans le sens de « tomber d'accord, faire l'aveu ».

Le rendez-vous dont nous étions convenus.
Il est convenu de son erreur.

correspondre — comme *rendre,* voir n° 126.

corrompre — comme *rompre.*

coudre — Indic. présent : *je couds, il coud, nous cousons, ils cousent.*
Imparfait : *je cousais.*
Passé simple : *je cousis.*

Futur : *je coudrai.*
Impératif : *couds, cousons, cousez.*
Subj. présent : *que je couse, que nous cousions.*
Imparfait : *que je cousisse, qu'il cousît.*
Participe : *cousant ; cousu.*

courir — Indic. présent : *je cours, il court, nous courons.*
Imparfait : *je courais.*
Passé simple : *je courus.*
Futur : *je courrai.*
Impératif : *cours, courons, courez.*
Subj. présent : *que je coure, qu'il coure, que nous courions.*
Imparfait : *que je courusse, qu'il courût.*
Participe : *courant ; couru.*

couvrir — comme *offrir.*

craindre — Indic. présent : *je crains, il craint, nous craignons, ils craignent.*
Imparfait : *je craignais, nous craignions.*
Passé simple : *je craignis.*
Futur : *je craindrai.*
Impératif : *crains, craignons, craignez.*
Subj. présent : *que je craigne, que nous craignions.*
Imparfait : *que je craignisse, qu'il craignît.*
Participe : *craignant ; craint.*

croire — Indic. présent : *je crois, il croit, nous croyons, ils croient.*
Imparfait : *je croyais, nous croyions.*
Passé simple : *je crus, nous crûmes.*
Futur : *je croirai.*
Impératif : *crois, croyons, croyez.*

Subj. présent : *que je croie, qu'il croie, que nous croyions, qu'ils croient.*
Imparfait : *que je crusse, qu'il crût.*
Participe : *croyant ; cru.*

croître — Indic. présent : *je croîs, il croît, nous croissons, ils croissent.*
Imparfait : *je croissais.*
Passé simple : *je crûs, nous crûmes.*
Futur : *je croîtrai.*
Impératif : *croîs, croissons, croissez.*
Subj. présent : *que je croisse.*
Imparfait : *que je crûsse, qu'il crût.*
Participe : *croissant ; crû (crus, crue, crues).*

cueillir — Indic. présent : *je cueille, nous cueillons.*
Imparfait : *je cueillais, nous cueillions.*
Passé simple : *je cueillis.*
Futur : *je cueillerai.*
Impératif : *cueille, cueillons, cueillez.*
Subj. présent : *que je cueille, que nous cueillions.*
Imparfait : *que je cueillisse, qu'il cueillît.*
Participe : *cueillant ; cueilli.*

cuire — Indic. présent : *je cuis, nous cuisons.*
Imparfait : *je cuisais, nous cuisions.*
Passé simple : *je cuisis, nous cuisîmes.*
Futur : *je cuirai.*
Impératif : *cuis, cuisons, cuisez.*
Subj. présent : *que je cuise, que nous cuisions.*
Imparfait : *que je cuisisse, qu'il cuisît.*
Participe : *cuisant ; cuit.*

débattre — comme *battre.*

décevoir — comme *apercevoir.*

découdre — comme *coudre.*

découvrir — comme *offrir.*

décrire — comme *écrire.*

décroître — comme *accroître.*

dédire (se) — comme *contredire.*

déduire — comme *cuire.*

défaillir — comme *assaillir.*

défaire — comme *faire.*

défendre — comme *rendre,* voir n° 126.

démentir — comme *mentir.*

démettre — comme *mettre.*

démordre — comme *rendre,* voir n° 126.

départir — comme *mentir.* Ne pas le conjuguer en verbe du 2e groupe ; on doit dire : *Il ne se départait pas de son calme.*

dépeindre — comme *atteindre.*

déplaire — comme *plaire.*

descendre — comme *rendre,* voir n° 126.

desservir — comme *servir.*

détendre — comme *rendre,* voir n° 126.

déteindre — comme *atteindre.*

détenir — comme *tenir*.

détruire — comme *cuire*.

devenir — comme *tenir* ; avec l'auxiliaire *être*.

dévêtir — comme *vêtir*.

devoir — Indic. présent : *je dois, nous devons, ils doivent.*
Imparfait : *je devais.*
Passé simple : *je dus, nous dûmes.*
Futur : *je devrai.*
Impératif : *dois, devons, devez.*
Sub. présent : *que je doive, que nous devions.*
Imparfait : *que je dusse, qu'il dût.*
Participe : *devant ; dû (dus, due, dues).*

dire — Indic. présent : *je dis, nous disons, vous dites.*
Imparfait : *je disais, nous disions.*
Passé simple : *je dis, nous dîmes, vous dîtes, ils dirent.*
Futur : *je dirai.*
Impératif : *dis, disons, dites.*
Subj. présent : *que je dise, que nous disions.*
Imparfait : *que je disse, qu'il dît, que nous dissions.*
Participe : *disant ; dit.*

discourir — comme *courir*.

disjoindre — comme *joindre*.

disparaître — comme *paraître*.

dissoudre — comme *absoudre*.

distraire — comme *traire.*

dormir — Indic. présent : *je dors, il dort, nous dormons.*

Imparfait : *je dormais.*
Passé simple : *je dormis.*
Futur : *je dormirai.*
Impératif : *dors, dormons, dormez.*
Subj. présent : *que je dorme, que nous dormions.*
Imparfait : *que je dormisse, qu'il dormît.*
Participe : *dormant ; dormi.*

ébattre *(s')* — comme *battre.*

éclore — comme *clore* ; mais ce verbe possède l'indic. présent en entier : *j'éclos, tu éclos, il éclôt, nous éclosons, vous éclosez, ils éclosent.*

éconduire — comme *cuire.*

écrire — Indic. présent : *j'écris, nous écrivons, ils écrivent.*

Imparfait : *j'écrivais.*
Passé simple : *j'écrivis.*
Futur : *j'écrirai.*
Impératif : *écris, écrivons, écrivez.*
Subj. présent : *que j'écrive, que nous écrivions.*
Imparfait : *que j'écrivisse, qu'il écrivît.*
Participe : *écrivant ; écrit.*

élire — comme *lire.*

émettre — comme *mettre.*

émouvoir — comme *mouvoir* ; mais le participe passé est : *ému.*

enclore — comme *clore* ; mais ce verbe possède l'indic. présent en entier : *j'enclos, tu enclos, il enclôt, nous enclosons, vous enclosez, ils enclosent.*

encourir — comme *courir.*

endormir — comme *dormir.*

enduire — comme *cuire.*

enfreindre — comme *atteindre.*

enfuir *(s')* — comme *fuir.*

enquérir *(s')* — comme *acquérir.*

ensuivre *(s')* — comme *suivre* ; mais ne s'emploie qu'aux 3es personnes : *il s'ensuit, les malheurs qui s'ensuivirent* ; et avec l'auxiliaire *être* aux temps composés : *il s'est ensuivi.*

entendre — comme *rendre,* voir n° 126.

entre- — Les verbes commençant par *entre* ou *s'entre* se conjuguent comme les verbes dont ils sont issus : *entreprendre* comme *prendre, s'entre-nuire* comme *nuire,* etc.

envoyer — Indic. présent : *j'envoie, nous envoyons, ils envoient.*

Imparfait : *j'envoyais, nous envoyions.*
Passé simple : *j'envoyai, nous envoyâmes.*
Futur : *j'enverrai.*
Impératif : *envoie, envoyons, envoyez.*
Subj. présent : *que j'envoie, qu'il envoie, que nous envoyions.*

Imparfait : *que j'envoyasse, qu'il envoyât.*
Participe : *envoyant ; envoyé.*

épandre — comme *rendre,* voir n° 126.

éprendre *(s')* — comme *prendre.*

équivaloir — comme *valoir.*

éteindre — comme *atteindre.*

étendre — comme *rendre,* voir n° 126.

être — voir n° 123.

étreindre — comme *atteindre.*

exclure — comme *conclure.*

extraire — comme *traire.*

faire — Indic. présent : *je fais, nous faisons, vous faites, ils font.*
Imparfait : *je faisais.*
Passé simple : *je fis, nous fîmes, vous fîtes.*
Futur : *je ferai.*
Impératif : *fais, faisons, faites.*
Subj. présent : *que je fasse.*
Imparfait : *que je fisse, qu'il fît.*
Participe : *faisant ; fait.*
(Devant une syllabe masculine, *fai* se prononce *fe.*)

falloir — (verbe impersonnel)
Indic. présent : *il faut.*
Imparfait : *il fallait.*
Passé simple : *il fallut.*
Futur : *il faudra.*

Condit. présent : *il faudrait.*
Subj. présent : *qu'il faille.*
Imparfait : *qu'il fallût.*
Participe passé : *fallu.*

feindre — comme *atteindre.*

fendre — comme *rendre,* voir n° 126.

fondre — comme *rendre,* voir n° 126.

fuir — Indic. présent : *je fuis, il fuit, nous fuyons, ils fuient.*
Imparfait : *je fuyais, nous fuyions.*
Passé simple : *je fuis, nous fuîmes, ils fuirent.*
Futur : *je fuirai.*
Impératif : *fuis, fuyons, fuyez.*
Subj. présent : *que je fuie, qu'il fuie, que nous fuyions, qu'ils fuient.*
Imparfait : *que je fuisse, qu'il fuît.*
Participe : *fuyant ; fui.*

geindre — comme *atteindre.*

inclure — comme *conclure* ; peu usité, sauf au participe passé *(inclus)* et aux temps composés.

inscrire — comme *écrire.*

instruire — comme *cuire.*

interdire — comme *contredire.*

interrompre — comme *rompre.*

intervenir — comme *tenir.*

introduire — comme *cuire.*

joindre — Indic. présent : *je joins, il joint, nous joignons, ils joignent*.
Imparfait : *je joignais, nous joignions*.
Passé simple : *je joignis*.
Futur : *je joindrai*.
Impératif : *joins, joignons, joignez*.
Subj. présent : *que je joigne, que nous joignions*.
Imparfait : *que je joignisse, qu'il joignît*.
Participe : *joignant ; joint*.

lire — Indic. présent : *je lis, nous lisons*.
Imparfait : *je lisais*.
Passé simple : *je lus, nous lûmes*.
Futur : *je lirai*.
Impératif : *lis, lisons, lisez*.
Subj. présent : *que je lise*.
Imparfait : *que je lusse, qu'il lût*.
Participe : *lisant ; lu*.

luire — comme *cuire*, mais le participe passé est : *lui*.

maintenir — comme *tenir*.

maudire — se conjugue comme un verbe du 2e groupe (voir n° 125). Sauf au participe passé : *maudit*.

méconnaître — comme *paraître*.

médire — comme *contredire*.

mentir — Indic. présent : *je mens, il ment, nous mentons*.
Imparfait : *je mentais*.
Passé simple : *je mentis*.
Futur : *je mentirai*.

Impératif : *mens, mentons, mentez.*
Subj. présent : *que je mente, que nous mentions.*
Imparfait : *que je mentisse, qu'il mentît.*
Participe : *mentant ; menti.*

méprendre (se) — comme *prendre.*

mettre — Indic. présent : *je mets, il met, nous mettons, ils mettent.*
Imparfait : *je mettais.*
Passé simple : *je mis, nous mîmes.*
Futur : *je mettrai.*
Impératif : *mets, mettons, mettez.*
Subj. présent : *que je mette, que nous mettions.*
Imparfait : *que je misse, qu'il mît.*
Participe : *mettant ; mis.*

mordre — comme *rendre,* voir n° 126.

morfondre (se) — comme *rendre,* voir n° 126.

moudre — Indic. présent : *je mouds, il moud, nous moulons, ils moulent.*
Imparfait : *je moulais.*
Passé simple : *je moulus.*
Futur : *je moudrai.*
Impératif : *mouds, moulons, moulez.*
Subj. présent : *que je moule, que nous moulions.*
Imparfait : *que je moulusse, qu'il moulût.*
Participe : *moulant, moulu.*

mourir — (auxiliaire *être*) Indic. présent : *je meurs, il meurt, nous mourons, ils meurent.*
Imparfait : *je mourais.*
Passé simple : *je mourus.*
Futur : *je mourrai.*
Impératif : *meurs, mourons, mourez.*

Subj. présent : *que je meure, qu'il meure, que nous mourions, qu'ils meurent.*
Imparfait : *que je mourusse, qu'il mourût.*
Participe : *mourant, mort.*

mouvoir — Indic. présent : *je meus, il meut, nous mouvons, ils meuvent.*
Imparfait : *je mouvais.*
Passé simple : *je mus, nous mûmes.*
Futur : *je mouvrai.*
Impératif : *meus, mouvons, mouvez.*
Subj. présent : *que je meuve, que nous mouvions, qu'ils meuvent.*
Imparfait : *que je musse, qu'il mût.*
Participe : *mouvant ; mû (mus, mue, mues).*

naître — (auxiliaire *être*) Indic. présent : *je nais, tu nais, il naît, nous naissons, ils naissent.*
Imparfait : *je naissais.*
Passé simple : *je naquis, nous naquîmes.*
Futur : *je naîtrai.*
Impératif : *nais, naissons, naissez.*
Subj. présent : *que je naisse, que nous naissions.*
Imparfait : *que je naquisse, qu'il naquît.*
Participe : *naissant ; né.*

nuire — comme *cuire* ; mais le participe passé est : *nui.*

obtenir — comme *tenir.*

offrir — Indic. présent : *j'offre, tu offres, nous offrons.*
Imparfait : *j'offrais, nous offrions.*
Passé simple : *j'offris.*
Futur : *j'offrirai.*

Impératif : *offre, offrons, offrez.*
Subj. présent : *que j'offre, que nous offrions.*
Imparfait : *que j'offrisse, qu'il offrît.*
Participe : *offrant ; offert.*

omettre — comme *mettre.*

ouvrir — comme *offrir.*

paître — comme *paraître* ; mais le passé simple, le subj. imparfait, le participe passé et les temps composés n'existent pas.

paraître — Indic. présent : *je parais, il paraît, nous paraissons, ils paraissent.*
Imparfait : *je paraissais.*
Passé simple : *je parus.*
Futur : *je paraîtrai.*
Impératif : *parais, paraissons, paraissez.*
Subj. présent : *que je paraisse, que nous paraissions.*
Imparfait : *que je parusse, qu'il parût.*
Participe : *paraissant ; paru.*

parcourir — comme *courir.*

parfaire — comme *faire* ; mais il n'est employé qu'à l'indic. présent, à l'infinitif et au participe passé.

partir — (auxiliaire *être*) comme *mentir.*

parvenir — (auxiliaire *être*) comme *tenir.*

peindre — comme *atteindre.*

pendre — comme *rendre,* voir n° 126.

percevoir — comme *apercevoir*.

perdre — comme *rendre*, voir n° 126.

permettre — comme *mettre*.

plaindre — comme *craindre*.

plaire — Indic. présent : *je plais, il plaît, nous plaisons*.
Imparfait : *je plaisais*.
Passé simple : *je plus, nous plûmes*.
Futur : *je plairai*.
Impératif : *plais, plaisons, plaisez*.
Subj. présent : *que je plaise, que nous plaisions*.
Imparfait : *que je plusse, qu'il plût*.
Participe : *plaisant ; plu*.

pleuvoir — voir n° 129.

poindre — comme *joindre*.

pondre — comme *rendre*, voir n° 126.

pourfendre — comme *rendre*, voir n° 126.

poursuivre — comme *suivre*.

pourvoir — Indic. présent : *je pourvois, nous pourvoyons, ils pourvoient*.
Imparfait : *je pourvoyais, nous pourvoyions*.
Passé simple : *je pourvus*.
Futur : *je pourvoirai*.
Impératif : *pourvois, pourvoyons, pourvoyez*.
Subj. présent : *que je pourvoie, qu'il pourvoie, que nous pourvoyions*.
Imparfait : *que je pourvusse, qu'il pourvût*.
Participe : *pourvoyant, pourvu*.

pouvoir — Indic. présent : *je peux* (ou *je puis*), *tu peux, il peut, nous pouvons, ils peuvent.*
Imparfait : *je pouvais.*
Passé simple : *je pus, nous pûmes.*
Futur : *je pourrai.*
(Pas d'impératif)
Subj. présent : *que je puisse.*
Imparfait : *que je pusse, qu'il pût.*
Participe : *pouvant ; pu.*
(Dans les interrogations, on dit : *puis-je ?*)
Se pouvoir est un verbe impersonnel.

prédire — comme *contredire.*

prendre — Indic. présent : *je prends, il prend, nous prenons, ils prennent.*
Imparfaït : *je prenais.*
Passé simple : *je pris.*
Futur : *je prendrai.*
Impératif : *prends, prenons, prenez.*
Subj. présent : *que je prenne, que nous prenions, qu'ils prennent.*
Imparfait : *que je prisse, qu'il prît.*
Participe : *prenant ; pris.*

prescrire — comme *écrire.*

pressentir — comme *mentir.*

prétendre — comme *rendre*, voir n° 126.

prévaloir — comme *valoir* ; sauf au subj. présent : *que je prévale, que nous prévalions, qu'ils prévalent.*

prévenir — comme *tenir.*

prévoir — comme *voir* ; sauf aux :
Futur : *je prévoirai.*
Condit. présent : *je prévoirais.*

produire — comme *cuire.*

promettre — comme *mettre.*

proscrire — comme *écrire.*

provenir — (auxiliaire *être*) comme *tenir.*

re-, ré-, r- Les nombreux verbes qui commencent par ces préfixes, pour marquer une répétition, se conjuguent comme les verbes dont ils sont issus : *refaire* comme *faire, rouvrir* comme *ouvrir*, etc.

rabattre — comme *battre.*

recevoir — comme *apercevoir.*

réduire — comme *cuire.*

renaître comme *naître* ; mais il n'a pas de temps composés.

rendre — voir n° 126.

renvoyer — comme *envoyer.*

repartir — comme *mentir.* Ce verbe emploie l'auxiliaire *avoir* dans le sens de « répliquer », l'auxiliaire *être* dans le sens de « partir à nouveau ».
Le verbe *répartir (partager)* est un verbe du 2e groupe.

repentir (se) — comme *mentir*.

répondre comme *rendre*, voir n° 126.

requérir — comme *acquérir*.

résoudre — Indic. présent : *je résous, il résout, nous résolvons, ils résolvent*.
Imparfait : *je résolvais*.
Passé simple : *je résolus*.
Futur : *je résoudrai*.
Impératif : *résous, résolvons, résolvez*.
Subj. présent : *que je résolve, que nous résolvions*.
Imparfait : *que je résolusse, qu'il résolût*.
Participe : *résolvant, résolu*.

resservir — comme *servir*.

ressortir — Ce verbe a trois sens :

a) S'il signifie « mettre en relief, se détacher », c'est un verbe du 3e groupe, conjugué comme *mentir* et qui emploie l'auxiliaire *avoir*.

*Le portrait **ressortait** mieux avec l'ancien cadre.*

b) S'il signifie « sortir de nouveau », c'est un verbe du 3e groupe, conjugué comme *mentir* et qui emploie l'auxiliaire *être*.

*Il **est ressorti** vers six heures.*

c) S'il signifie « être du ressort de », c'est un verbe du 2e groupe, conjugué comme *finir* ; il s'emploie suivi de la préposition à.

*Cette affaire **ressortissait** au tribunal de commerce.*

restreindre — comme *atteindre*.

retenir — comme *tenir*.

rire — Indic. présent : *je ris, il rit, nous rions, ils rient*.
Imparfait : *je riais, nous riions*.
Passé simple : *je ris, nous rîmes*.
Futur : *je rirai*.
Impératif : *ris, rions, riez*.
Subj. présent : *que je rie, qu'il rie, que nous riions*.
Imparfait : *que je risse, qu'il rît, que nous rissions*.
Participe : *riant ; ri*.

rompre Indic. présent : *je romps, tu romps, il rompt, nous rompons, ils rompent*.
Imparfait : *je rompais*.
Passé simple : *je rompis*.
Futur : *je romprai*.
Impératif : *romps, rompons, rompez*.
Subj. présent : *que je rompe, que nous rompions*.
Imparfait : *que je rompisse, qu'il rompît*.
Participe : *rompant ; rompu*.

satisfaire — comme *faire*.

savoir — Indic. présent : *je sais, il sait, nous savons, ils savent*.
Imparfait : *je savais*.
Passé simple : *je sus*.
Futur : *je saurai*.
Impératif : *sache, sachons, sachez*.
Subj. présent : *que je sache*.

Imparfait : *que je susse, qu'il sût, que nous sussions.*
Participe : *sachant ; su.*

secourir — comme *courir.*

séduire — comme *cuire.*

sentir — comme *mentir.*

servir — Indic. présent : *je sers, nous servons, ils servent.*
Imparfait : *je servais.*
Passé simple : *je servis.*
Futur : *je servirai.*
Impératif : *sers, servons, servez.*
Subj. présent : *que je serve.*
Imparfait : *que je servisse, qu'il servît.*
Participe : *servant ; servi.*

sortir — (auxiliaire *être*) comme *mentir.*

souffrir — comme *offrir.*

soumettre — comme *mettre.*

sourire — comme *rire.*

souscrire — comme *écrire.*

soustraire — comme *traire.*

soutenir — comme *tenir.*

souvenir (se) — comme *tenir.*

subvenir — comme *tenir.*

suffire — comme *confire* ; sauf pour le participe passé qui est : *suffi*.

suivre — Indic. présent : *je suis, nous suivons, ils suivent*.
Imparfait : *je suivais, nous suivions*.
Passé simple : *je suivis*.
Futur : *je suivrai*.
Impératif : *suis, suivons, suivez*.
Subj. présent : *que je suive*.
Imparfait : *que je suivisse, qu'il suivît*.
Participe : *suivant ; suivi*.

surprendre — comme *prendre*.

surseoir — Indic. présent : *je sursois, il sursoit, nous sursoyons, ils sursoient*.
Imparfait : *je sursoyais, nous sursoyions*.
Passé simple : *je sursis*.
Futur : *je surseoirai*.
Impératif : *sursois, sursoyons, sursoyez*.
Subj. présent : *que je sursoie, qu'il sursoie, que nous sursoyions*.
Imparfait : *que je sursisse, qu'il sursît*.
Participe : *sursoyant ; sursis*.

survenir — (auxiliaire *être*) comme *tenir*.

survivre — comme *vivre*.

suspendre — comme *rendre*, voir n° 126.

taire (se) — Indic. présent : *je me tais, il se tait, nous nous taisons, ils se taisent*.
Imparfait : *je me taisais*.
Passé simple : *je me tus, nous nous tûmes*.

Futur : *je me tairai.*
Impératif : *tais-toi, taisons-nous, taisez-vous.*
Subj. présent : *que je me taise.*
Imparfait : *que je me tusse, qu'il se tût.*
Participe : *se taisant ; tu.*

teindre — comme *atteindre.*

tendre — comme *rendre,* voir n° 126.

tenir — Indic. présent : *je tiens, il tient, nous tenons, ils tiennent.*
Imparfait : *je tenais.*
Passé simple : *je tins, nous tînmes.*
Futur : *je tiendrai.*
Impératif : *tiens, tenons, tenez.*
Subj. présent : *que je tienne, que nous tenions.*
Imparfait : *que je tinsse, qu'il tînt.*
Participe : *tenant ; tenu.*

tondre — comme *rendre,* voir n° 126.

tordre — comme *rendre,* voir n° 126.

traduire — comme *cuire.*

traire — Indic. présent : *je trais, il trait, nous trayons, ils traient.*
Imparfait : *je trayais, nous trayions.*
(Pas de passé simple)
Futur : *je trairai.*
Impératif : *trais, trayons, trayez.*
Subj. présent : *que je traie, qu'il traie, que nous trayions, qu'ils traient.*
(Pas d'imparfait)
Participe : *trayant ; trait.*

transcrire — comme *écrire*.

transmettre — comme *mettre*.

transparaître — comme *paraître*.

tressaillir — comme *assaillir*.

vaincre — Indic. présent : *je vaincs, il vainc, nous vainquons, ils vainquent*.
Imparfait : *je vainquais*.
Passé simple : *je vainquis*.
Futur : *je vaincrai*.
Impératif : *vaincs, vainquons*.
Subj. présent : *que je vainque, que nous vainquions*.
Imparfait : *que je vainquisse, qu'il vainquît*.
Participe : *vainquant ; vaincu*.

valoir — Indic. présent : *je vaux, il vaut, nous valons, ils valent*.
Imparfait : *je valais*.
Passé simple : *je valus*.
Futur : *je vaudrai*.
(Pas d'impératif)
Subj. présent : *que je vaille, que nous valions, qu'ils vaillent*.
Imparfait : *que je valusse, qu'il valût*.
Participe : *valant ; valu*.

vendre — comme *rendre*, voir n° 126.

venir — (auxiliaire *être*) comme *tenir*.

vêtir — Indic. présent : *je vêts, il vêt, nous vêtons*.
Imparfait : *je vêtais*.

Passé simple : *je vêtis.*
Futur : *je vêtirai.*
Impératif : *vêts, vêtons, vêtez.*
Subj. présent : *que je vête, que nous vêtions.*
Imparfait : *que je vêtisse, qu'il vêtît.*
Participe : *vêtant ; vêtu.*

vivre — Indic. présent : *je vis, nous vivons, ils vivent.*
Imparfait : *je vivais.*
Passé simple : *je vécus.*
Futur : *je vivrai.*
Impératif : *vis, vivons, vivez.*
Subj. présent : *que je vive, que nous vivions.*
Imparfait : *que je vécusse, qu'il vécût.*
Participe : *vivant ; vécu.*

voir — Indic. présent : *je vois, il voit, nous voyons, ils voient.*
Imparfait : *je voyais, nous voyions.*
Passé simple : *je vis.*
Futur : *je verrai.*
Impératif : *vois, voyons, voyez.*
Subj. présent : *que je voie, qu'il voie, que nous voyions, qu'ils voient.*
Imparfait : *que je visse, qu'il vît.*
Participe : *voyant ; vu.*

vouloir — Indic. présent : *je veux, il veut, nous voulons, ils veulent.*
Imparfait : *je voulais.*
Passé simple : *je voulus.*
Futur : *je voudrai.*
Impératif : *veuille, veuillons, veuillez* et : *veux, voulons, voulez.*

Subj. présent : *que je veuille, que nous voulions* (ou : *que nous veuillions*), *qu'ils veuillent*.
Imparfait : *que je voulusse, qu'il voulût*.
Participe : *voulant ; voulu*.

LES MOTS INVARIABLES

134 – Adverbes

L'adverbe, mot invariable, modifie ou précise le sens d'un verbe, d'un adjectif ou d'un autre adverbe :

Il marche ***prudemment***. (compl. de manière de *marche*)
Ce café est ***très*** *fort*. (compl. de quantité de *fort*)
Vous êtes ***bien*** *trop lent*. (compl. de l'adverbe *trop*)

135 – Adverbes de manière

a) En *-ment*

Ces adverbes dérivent :

• d'un adjectif qualificatif au féminin : *anciennement, certainement, durement, fièrement, froidement, gaiement, généreusement, nouvellement, pareillement*, etc. ;

• d'un adjectif au masculin ou invariable en genre : *absolument, aimablement, bravement, carrément, fixement, impoliment, intimement, joliment, momentanément*, etc. ;

• d'un adjectif disparu : *brièvement, nuitamment, traîtreusement*, etc. ;

• d'un participe : *abondamment, brillamment, couramment, étonnamment ; assurément, étourdiment, forcément, modérément, résolument*, etc. ;

• d'une interjection : *bigrement, diablement*, etc.

b) Adverbes simples

ainsi	*ensemble*	*mieux*	*pourtant*
bien	*mal*	*pis*	*surtout*
debout	*même*	*plutôt*	*volontiers*, etc.

c) Locutions adverbiales

à l'amiable	*sans façon*	*à rebours*
d'arrache-pied	*au fur et à mesure*	*à la ronde*
bel et bien	*bon gré mal gré*	*sens dessus dessous*
sans cesse	*par hasard*	*à la six-quatre-deux*
à contrecœur	*sans peine*	*à tort et à travers*
côte à côte	*peu à peu*	*tout d'un coup*
à la dérobée	*au pis aller*	*à tue-tête*
d'emblée	*de préférence*	*à la volée...*

d) Adverbes musicaux internationaux (en italien)

adagio, andante, con fuoco, mezza voce, pianissimo, etc.

e) Adverbes étrangers (souvent latins)

ex æquo	*a fortiori*	*grosso modo*	*a priori*
cash	*incognito*	*vice versa*	*franco*
in extenso	*gratis*	*ipso facto*	*de visu...*

f) Adverbes adjectivaux (nommés aussi *adjectifs adverbiaux*, bien que ce ne soit plus des adjectifs)

Certains adjectifs qualificatifs courts sont employés directement comme adverbes de manière. Ils sont alors invariables (sauf exceptions signalées au n° 147) :

bas	*cher*	*doux*	*fort*	*haut*	*petit*
beau	*clair*	*droit*	*franc*	*jeune*	*raide*
blanc	*court*	*dur*	*froid*	*large*	*ras*
brut	*creux*	*faux*	*grand*	*léger*	*rond*
chaud	*double*	*fin*	*gras*	*net*	*sec...*

Légère et ***court*** *vêtue.* (La Fontaine, *Fables*, VII, 10)
Ils pèsent ***lourd****. Une statue* ***haut*** *placée.*
Servez ***chaud****. Elle a vu* ***grand****.*

L'adverbe de manière s'apparente au complément circonstanciel de manière :

*Il riait **follement**.* (adverbe)
*Il riait **tout son soûl**.* (locution adverbiale)
*Il riait **tant qu'il pouvait**.* (subord. comparative)

Certaines locutions sont indifféremment employées comme adjectifs ou comme adverbes :

Un cours ex cathedra. / Il professe ex cathedra.
Un préfet hors cadre. / Il fut placé hors cadre.
Une lotte à l'américaine. / Elle le prépare à l'américaine.

136 – Adverbes de quantité

à gogo	*beaucoup*	*le moins possible*	*tant*
à peu près	*combien*	*pas du tout*	*tant soit peu*
ad libitum	*davantage*	*plus*	*tellement*
assez	*guère*	*presque*	*tout*
autant	*moins*	*seulement*	*très…*

*Des ennemis, **bien** supérieurs en nombre.*
*Il déclare être **cent pour cent** français.*
*Ils sont **on ne peut plus** doux.*

137 – Adverbes de lieu

ailleurs	*côte à côte*	*là-dessus*	*par là*
en amont	*au-dedans*	*devant*	*au milieu*
en arrière	*en dedans*	*à droite*	*n'importe où*
autour	*au-dehors*	*aux environs*	*nulle part*
en avant	*au-delà*	*en haut*	*partout*
çà	*de-ci de-là*	*par ici*	*Dieu sait où*
çà et là	*derrière*	*à l'intérieur*	*vis-à-vis*
ci-contre	*en dessous*	*là-bas*	*y…*
ci-joint	*dessus*	*là-haut*	

*Il passera **par ici**. Venez **chez** nous.*

138 – Adverbes de temps

actuellement
alors
après
après-demain
aujourd'hui
aussitôt
autrefois
bientôt
cependant
sur-le-champ
coup sur coup
déjà
demain
désormais
dorénavant
enfin
ensuite
finalement
maintes fois
fréquemment
hier
illico
immédiatement
à l'instant
jadis
jamais
jusque-là
là
longtemps
à la longue
dès lors
maintenant
d'ores et déjà
parfois
périodiquement
avant peu
à présent
Dieu sait quand
quelquefois
récemment
sitôt
soudain
souvent
tard
de temps en temps
toujours
tôt
tout à coup
tout de suite
ultérieurement…

Elle l'attendait ***hier soir***. ***Soudain***, *il arrive.*
Cette cloche sonne ***à tout bout de champ***.

139 – Adverbes de situation

Ces adverbes associent les notions de temps et de lieu : *coup sur coup, d'ici là, jusqu'ici, là-dessus, sans cesse, sur quoi*, etc.

Là-dessus, *il nous quitta.*
Ici *interviennent les violons, dit le chef d'orchestre.*

140 – Adverbes d'affirmation

d'accord
ainsi soit-il
assurément
bien plus
bien sûr
certainement
certes
effectivement
en effet
oui
parfaitement
pour ainsi dire
pour sûr
en réalité
sans aucun doute
mais si
soi-disant
sûrement
en vérité
vraiment

Il a ***sans nul doute*** *recommencé le montage.*

Après une négation, l'adverbe « non » est affirmatif :

« Tu ne bois pas ? — ***Non.*** *»*

141 – Adverbes de doute

à peu près, apparemment, environ, peut-être, probablement, sans doute, vraisemblablement, etc.

Ils iront ***probablement*** *à ce concert.*

142 – Adverbes de restriction

ne… plus que, ne… que, pourtant, seulement, etc.

Robert ***ne*** *demande* ***rien que*** *son dû.*

143 – Adverbes de négation

aucunement	*ne… pas*	*non*
au contraire	*ne… pas seulement*	*non plus*
en aucune façon	*ne… goutte*	*nullement*
jamais	*ne… pas trop*	*pas du tout*
ne	*ne… plus*	*point*
ne… guère	*ne… point*	*rien…*
ne… jamais	*ne… rien*	

Il ***ne*** *souhaite* ***nullement*** *changer de voiture.*

Je ***n'****ose. Que* ***ne*** *suis-je resté là-bas !*

Un appareil ***non*** *démontable.*

Dans certains cas, *ne* est mot explétif (sans valeur) et peut être supprimé :

Il faudra nettoyer avant qu'il (ne) vienne.

144 – Adverbes de succession

1) **Indéfinis** : *d'abord, antérieurement, après, auparavant, avant, finalement, postérieurement, infra, supra, ultérieurement*, etc.

2) **Définis** (ou adverbes numéraux) :
a) cardinaux ou multiplicatifs (latins) : *bis, ter, quater, quinquies, sexies*, etc.
b) ordinaux :
• français : *premièrement, deuxièmement, secondement, troisièmement, quatrièmement*, etc.
• latins : *primo* (1°), *secundo* (2°), *tertio* (3°), *quarto* (4°), *quinto* (5°), etc.

145 – Adverbes d'interrogation

combien ? comment ? est-ce que ? où ? jusqu'où ? pourquoi ? quand ? que ? si, etc.

__Que__ ne le disiez-vous plus tôt ?
__Jusqu'à quand__ allez-vous rester là-bas ?
Je me demande __si__ tu as assez chaud.
(interrogation indirecte)

146 – Adverbes divers

En outre, il y a des adverbes :
• d'exclamation : *combien... ! comme... ! que... ! tant... !*, etc.
• d'addition : *alors, ensuite*, etc.
• d'alternative : *tantôt... tantôt*, etc.
• d'opposition ou de restriction : *cependant, pourtant, néanmoins, toutefois*, etc.
• de cause : *effectivement*, etc.
• de conséquence : *ainsi, en effet, en vain, à propos*, etc.

• de corrélation : *autant... autant...*, *plus... plus...*, *plus... moins...*, *tant... tant*, etc.

__Plus__ on le connaît, __plus__ on est déçu.

147 – Adverbes variables

En principe, l'adverbe est invariable, mais l'usage s'est établi de faire varier certains d'entre eux, notamment **tout** (signifiant *tout à fait, totalement*) qui varie en genre et en nombre devant les adjectifs féminins commençant par une consonne ou un *h* aspiré :

Elle est __toute__ petite, __toute__ honteuse.
Des maisons __toutes__ noires.

Alors qu'on écrira :

Ils sont __tout__ petits. (invariable au masculin)
La famille __tout__ entière. (invariable devant une voyelle)

Il y a accord également dans les cas suivants :

Une fleur __fraîche__ éclose. Une fenêtre __grande__ ouverte.
Ils arrivent __bons__ premiers. Les __nouveaux__ venus.

148 – Fonctions de l'adverbe

L'adverbe est complément d'un verbe, d'un adjectif ou d'un autre adverbe :

Il sort __précipitamment__. (compl. du verbe)
Elles sont __suffisamment__ cuites.
(compl. du participe adjectif)
Vous êtes __bien__ trop pressé. (compl. de l'adverbe *trop*)
J'ai __très__ faim.
(l'adverbe modifie la locution verbale *avoir faim*)
Il a __tellement__ sommeil.
(compl. de la locution verbale *avoir sommeil*)

On trouve encore l'adverbe :
• modifiant un nom : *La* ***presque*** *totalité. Elle est* ***très*** *femme.*
• s'appliquant à une proposition : *Il rentrera tard* ***certainement.***
• employé comme adjectif : *Il est* ***bien****. Je l'ai trouvé* ***mieux.***
• complément d'un nom : *Les armes d'****autrefois.***
• complément d'un pronom : *Ceux de* ***demain.***
• sujet : ***Plus*** *serait trop.*
• complément de l'adjectif au comparatif : *Tu es plus sage qu'****hier.***

Avec une préposition qui le suit, l'adverbe forme une locution prépositive :

Agissez ***conformément*** *aux ordres.*

Suivi de la conjonction *que*, l'adverbe de manière ou d'opinion joue le rôle d'une proposition principale :

Assurément */ qu'il reviendra.*

(principale, pour : *Il est assuré*) (subord. conjonctive, sujet de la principale elliptique)

149 – Prépositions

La préposition, mot invariable, exprime un rapport entre deux mots, reliant généralement un mot à son complément. Celui-ci est alors appelé « indirect » du fait de la préposition :

Ils vont ***vers*** *la montagne.*
La maison ***d'****Eugénie.*

Avec la préposition, on peut poser une question : *Ils vont* ***vers*** *quoi ? La maison* ***de*** *qui ?*
La préposition a un rôle important ; c'est une articulation essentielle dans la phrase.

150 – Principales prépositions

a) Prépositions simples :

à	*dans*	*en*	*jusque*	*sans*
après	*de*	*outre*	*malgré*	*sauf*
avant	*depuis*	*envers*	*outre*	*selon*
avec	*derrière*	*ès*	*par*	*sous*
chez	*dès*	*hormis*	*parmi*	*sur*
contre	*devant*	*hors*	*pour*	*vers…*

b) Participes-prépositions (invariables) :

concernant	*moyennant*	*attendu*	*excepté*
durant	*pendant*	*ci-inclus*	*passé*
étant donné	*suivant*	*entendu*	*y compris…*

c) Locutions prépositives :

à côté de	*à l'exemple de*	*près de*
afin de	*en face de*	*sous prétexte de*
à travers	*en fonction de*	*à propos de*
auprès de	*à force de*	*quant à*
autour de	*grâce à*	*à raison de*
avant de	*en guise de*	*par rapport à*
au bas de	*hors de*	*sous réserve de*
au bénéfice de	*indépendamment de*	*de retour de*
au bout de	*à l'insu de*	*au risque de*
à cause de	*jusqu'à*	*sauf à*
au moyen de	*au lieu de*	*en signe de*
conformément à	*loin de*	*à la sortie de*
sous couleur de	*le long de*	*au vu et au su de*
jusque dans	*à la manière de*	*à la suite de*
à dater de	*en matière de*	*au sujet de*
au-delà de	*au milieu de*	*en tant que*
en dépit de	*au moyen de*	*du temps de*
au-dessous de	*de par*	*à travers*

au-dessus de	*parallèlement à*	*à l'usage de*
au détriment de	*à part*	*en vertu de*
au-devant de	*à partir de*	*du vivant de*
en direction de	*sous peine de*	*en voie de*
à l'égard de	*de peur de*	*au vu de*
à l'encontre de	*à la place de*	*en vue de...*
aux environs de	*sur le point de*	
eu égard à	*de préférence à*	

Elle se promène { ***dans*** / ***près de*** / ***aux alentours de*** } *la prairie.*

(Dans cette phrase, *prairie* est compl. circ. de lieu de *promène* : l'indication nous en est donnée par la préposition ou la locution prépositive.)
L'expression *dans la prairie* est un groupe prépositionnel.

151 – Prépositions cachées

Il ne faut pas oublier que les contractions ***au, aux, du, des*** sont à considérer dans leur rôle de préposition :

*Raphaël nous a laissé « La Vierge **à la** chaise »*
*et Léonard de Vinci « La Vierge **aux** rochers ».*
(aux — à les)

*À l'angle **de la** rue ; au coin **du** boulevard, (du = de le)*

De même, les contractions ***audit, dudit, dont, auquel, duquel*** enferment une préposition :

*L'homme **auquel** tu portas secours. (à qui)*
(*auquel* est compl. d'attribution indirect)

La préposition peut former, avec un nom ou un verbe, une locution adjective homogène :

*Maison **à vendre**. Enfant **en larmes**. Histoire **pour rire**.*

152 – Emploi et fonctions de la préposition

La préposition introduit :

• un complément d'objet indirect :

Elle renonça ***à*** *cette faveur.*
Il s'occupe ***de*** *rangement.*

• un complément d'attribution :

Elle a donné la gravure ***à*** *mon frère.*

• un complément d'agent :

Ils furent libérés ***par*** *la foule.*

• un complément circonstanciel :

Ils logent ***dans*** *cet immeuble.* (lieu)
Vous arriverez ***vers*** *treize heures.* (temps)
Il meurt ***de*** *rire.* (cause)
Vous l'avez obtenu ***par*** *ruse.* (moyen)
Ils cassèrent la vitre ***avec*** *un maillet.* (instrument)
Il faut manger ***pour*** *vivre.* (but)

• un complément de nom, de pronom ou d'adjectif :

Un buste ***en*** *bronze. Aucun* ***d'****eux. Triste* ***à*** *pleurer.*

• un attribut :

Il tomba ***en*** *héros.*

• un infinitif de narration :

Et Renart ***de*** *s'enfuir aussitôt.*

La préposition est quelquefois explétive (sans influence sur le sens) :

Le village ***d'****Alliancelles.* ***Pour*** *moi, je le condamne.*
Il y a trois soldats ***de*** *blessés. Un fripon* ***de*** *garçon.*

153 – Conjonctions

La conjonction, mot invariable, relie deux propositions ou deux éléments semblables de la proposition.
On distingue les conjonctions de coordination et les conjonctions de subordination.

154 – Conjonctions de coordination

1) *or, mais, ou, et, donc, ni, car.*

2) Jouent également ce rôle :

d'ailleurs	*c'est-à-dire*	*néanmoins*	*puis*
ainsi	*par conséquent*	*non seulement*	*et puis*
alors	*effectivement*	*mais aussi*	*en revanche*
après tout	*en effet*	*ou alors*	*soit*
aussi bien	*ensuite*	*ou bien*	*par suite*
autrement	*de là*	*en outre*	*au surplus*
bref	*mais encore*	*de plus*	*tantôt*
cependant	*de même que*	*pourtant*	*toutefois...*

155 – Emploi et fonctions des conjonctions de coordination

Ces conjonctions relient des syntagmes de même nature ou de même fonction :

Prends la pomme ***ou*** *la poire.* (*ou* relie deux noms)

Il grimpa à l'échelle ***et*** *secoua les branches.*
(*et* relie deux propositions indépendantes)

La bouteille d'encre tomba ***et*** *les enfants crièrent si fort qu'on les entendit chez le voisin.*
(La proposition indépendante et la proposition principale unies par la conjonction *et* sont des propositions de même nature.)

Un enfant naïf ***et*** *qui n'avait nulle expérience.*
(L'adjectif *naïf* est relié à une subordonnée relative ayant la valeur de l'adjectif *inexpérimenté*.)

Les conjonctions *et, ou, ni* sont quelquefois placées en accentuation, pour renforcer, insister :

__Et__ elle pleurait, __et__ elle criait !

Il devra __ou__ se soumettre __ou__ se démettre.

Dans les conjonctions de coordination, on peut discerner des nuances d'addition, de choix, d'alternative, d'opposition, de cause, de raison, de conséquence, etc.

156 – Conjonctions de subordination

1) Conjonctions simples : *comme, lorsque, puisque, quand, que, quoique, si, sinon.*

2) Locutions conjonctives :

à ce que
à condition que
afin que
alors que
à mesure que
après que
assez pour que
à tel point que
au cas où
au point que
aussi longtemps que
aussitôt que
autant que
avant que
cependant que
chaque fois que
comme lorsque
comme si
dans la mesure où
d'autant que
de ce que
de façon que
de manière que
de même que
depuis que
dès l'instant où
dès lors que
de sorte que
dès que
du fait que
encore que
jusqu'à ce que
lors même que
même quand
ne pas… que
non sans que
où que
parce que
pendant que
plutôt que
pour la bonne raison que
pour que
pourvu que
quand bien même
quelque… que
sans attendre que
sans que
sauf si
selon que
si bien que
si tant est que
soit que
sous réserve que
suffisamment pour que
tandis que
tant que
tel que
toutes les fois que
trop pour que
vu que…

157 – Emploi et fonctions des conjonctions de subordination

Les conjonctions de subordination mettent en relation proposition principale et proposition subordonnée.

Hélène lisait ***quand*** *nous sommes arrivés.*
(La conjonction de subordination *quand* introduit une subordonnée conjonctive.)

Aussitôt que *son père entra, Jérôme pâlit.*
(Avec l'inversion, la locution conjonctive de subordination se trouve en tête.)

La conjonction de subordination amène une proposition complément. *(Tu iras avant que la nuit arrive)* comme la préposition amène un mot complément *(Tu iras avant la nuit)*.
La conjonction *que* est élidée devant une voyelle ou un *h* muet : *Il faut* ***qu'****il parte !*
La conjonction *si* est élidée devant *il* ou *ils* : ***S'****il hésite, il est perdu.*
On observera de nombreux exemples d'emploi de ces conjonctions aux chapitres qui concernent les propositions subordonnées conjonctives (n°s 179 à 191) et les fonctions de complément circonstanciel (n°s 221 à 235).

LES ÉLÉMENTS DIVERS DU LANGAGE

158 – Interjections

Les **interjections** n'ont pas de rôle grammatical. Elles expriment, au moyen de mots de toute sorte, souvent isolés dans la phrase — procédé moins contrôlé que l'énoncé du discours —, toutes les réactions humaines : joie, douleur, tristesse, doute, surprise, avertissement, admiration, etc.

Adieu !	*Chic !*	*Hardi !*	*Peste !*
Ah !	*Chiche !*	*Hé quoi !*	*Peuh !*
Aïe !	*Chut !*	*Hein !*	*Tant pis !*
Allô !	*Ciel !*	*Hélas !*	*Pitié !*
Allons !	*Courage !*	*Hep !*	*Pouah !*
Amen !	*Debout !*	*Holà !*	*Pouce !*
Animal !	*Diable !*	*Hourra !*	*Psitt !*
En arrière !	*Mon Dieu !*	*Hue !*	*Eh quoi !*
Assez !	*Dommage !*	*Hum !*	*Repos !*
Atchoum !	*Doucement !*	*Idiot !*	*Sacrebleu !*
Attention !	*Tout doux !*	*Jamais !*	*Salut !*
En avant !	*Eh !*	*Malheur !*	*Sapristi !*
Bah !	*Encore !*	*Marche !*	*Silence !*
Bien !	*Enfin !*	*Merci !*	*Stop !*
Eh bien ?	*Euh !*	*Minute !*	*Taratata !*
Bigre !	*Par exemple !*	*Miséricorde !*	*Té !*
Bis !	*Fi donc !*	*Ah ! non !*	*Tenez !*
Bon !	*Fichtre !*	*Ô*	*Tonnerre !*
Bonjour !	*Fixe !*	*Oh !*	*Tope-là !*
Bonsoir !	*Flûte !*	*Ohé !*	*Va !*
Bonté divine !	*Ma foi !*	*Paix !*	*Vas-y !*
Bravo !	*Gare !*	*Parbleu !*	*Veine !*
Çà alors !	*Grâce !*	*Pardi !*	*Vlan !*
Ah çà !	*Ha !*	*Pardon !*	*Voilà !*
Canaille !	*Halte !*	*Patatras !*	*Zut ! ...*

Et deviennent interjections n'importe quel terme, n'importe quelle injure, n'importe quelle invocation, qu'on jette dans la conversation pour exprimer un mouvement vif :

La barbe !	*Admirable !*	*Vogue la galère !*
À d'autres !	*Funérailles !*	*Bonne Mère !*
Au large !	*Fouette cocher !*	*Chameau !*
Mince !	*À la bonne heure !*	*Crétin !...*

159 – Onomatopées

Les **onomatopées** sont les traductions phonétiques de bruits, de cris entendus, par l'écriture la plus simple. Les onomatopées sont souvent employées en interjection :

badaboum	*croâ*	*kss*	*psitt*
bang	*dagada*	*meuh*	*rataplan*
bim	*ding din don*	*miam miam*	*snif*
bing	*dzim*	*ouah*	*tac*
boum	*flac*	*ouille*	*tatata*
brr	*flic floc*	*paf*	*teuf teuf*
bzz	*frou frou*	*pan*	*tic tac*
clic clac	*frrt*	*pfut*	*toc toc*
cocorico	*glouglou*	*ploc*	*turlututu*
couac	*gloup*	*plouf*	*tutut*
couic	*han*	*poum*	*vlan*
cric crac	*hi han*	*pschutt*	*vraoum*

L'onomatopée est un domaine où la création est libre :

• Les bandes dessinées traduisent les bruits divers en onomatopées *(zim, vroum, bing, grrr, splatch...)*.

• Les jeunes enfants ont un vocabulaire relevant de l'onomatopée *(bobo, dada, lolo, pipi, toutou...)*.

• Les refrains des chansonnettes nous en offrent aussi *(tra la la, tsoin tsoin, tontaine tonton, tra déri déra, pa dam'pa dam'...).*
• Les cris d'animaux tels que nous les écrivons sont des onomatopées *(cui-cui, ronron, miaou, coin-coin...).*

Les onomatopées ont engendré dans le vocabulaire :
— des noms : *gazouillis, roucoulement, miaulement*, etc. ;
— des verbes : *vrombir, râler, couiner, glouglouter*, etc.

160 – Agglutinations et contractions

Ce sont des mots hybrides.
Il y a **agglutination** quand deux termes s'écrivent en un mot (*lorsque* pour *lors que*). Il y a **contraction** quand deux termes se fondent en un, en perdant leur morphologie propre (*du* pour *de le*).
Les mots formés par agglutination ou contraction sont innombrables en français.

• Noms : *quadrupède, autobiographie*, etc.

• Adjectifs : *paraplégique, physiologique*, etc.

• Verbes : *interfolier, entrevoir, photographier*, etc.

• Adverbes : *enfin, longtemps, pronominalement*, etc.

• Prépositions : *delà, ès, malgré, nonobstant*, etc.

• Conjonctions : *lorsque, pourquoi, toutefois*, etc.
Mais, parmi eux, il faut distinguer certains mots qui présentent un intérêt grammatical du fait de leur dénomination. Ce sont :

Appellation traditionnelle	Contraction	Valeur
articles définis	***au*** ***aux*** ***du*** ***des***	*à le* *à les* *de le* *de les*
adjectifs démonstratifs	***audit*** (auxdits…) ***dudit*** (desdits…)	*à le dit* *de le dit*
pronom personnel	***en***	*de cela*
pronom relatif	***dont***	*de qui* *de lequel*
pronom relatif adjectif relatif	***auquel*** (auxquels…)	*à lequel*
pronom interrogatif	***duquel*** (desquels…)	*de lequel*

On voit que les mots du tableau ci-dessus contiennent tous une préposition, mot essentiel dans notre syntaxe. Si ***ès*** (qui vaut *en les*) est traditionnellement rangé dans les prépositions, il serait logique que les articles contractés *au, aux, du, des* soient aussi considérés comme prépositions.

Après une de ces contractions, le complément d'objet est nettement indirect :

Je me réjouis ***du*** *dénouement*.

(Le dernier mot est compl. d'objet indirect du verbe.)

Sinon (conjonction) est une contraction spéciale qui ramasse en un mot une proposition hypothétique ou l'un de ses éléments.
Comme les présentatifs *voici* et *voilà*, le mot *sinon* a une valeur verbale :

Nous n'avons vu personne, / ***sinon*** (si ce n'est) *un agent.*
(prop. principale) (prop. subordonnée)

Avance,/***sinon*** (si tu n'avances pas) / *je me fâche.*
(indépendante) (subordonnée) (principale)

161 – Présentatifs

Les présentatifs sont placés en tête de l'exposition pour mettre en valeur :

C'est	*Il est*	*Voici*	*Disons que*
Ci-gît	*Il y a*	*Voilà*	*Ma foi,*
Et	*Soit*	*Alors*	*Personnellement,...*

Il y avait *une fois un bûcheron qui était...*
Disons que *tu es parti depuis longtemps.*
Il est *un pays où j'aimerais vivre.*

• « **C'est** » est un élément très employé dans la langue pour mettre en valeur ce qui suit. On peut le considérer comme un syntagme figé et neutre (***C'est*** *le pain et le lait.* ***C'est*** *nous.* ***C'était*** *les vacances*) ou lui rendre une valeur vivante en faisant accorder *être* avec le sujet (***Ce sont*** *eux.* ***Ce furent*** *ses dernières volontés.* ***C'étaient*** *de magnifiques randonnées*).
« C'est » est devenu un gallicisme d'emploi facile, surtout accompagné de « que » :

Ce que je préfère, ***c'est*** *ce morceau.*
C'est *là* ***que*** *je vais.*
*Qu'****est-ce que*** *tu fais ?*
C'est *à peine* ***si*** *on l'entend.*

Chacun des quatre exemples précédents n'est fait que d'une proposition indépendante.

***C'était** vous **qui** aviez raison.*

• « **Voici** » et « **voilà** » ont pour origine le verbe *voir* à l'impératif, augmenté des adverbes *ci* et *là*. Ces mots ont souvent une valeur verbale.

***Voici** ma tante* (Vois ici ma tante). (prop. indépendante)

*La **voilà**.* (prop. indépendante)

***Voici** enfin / qu'elle arrive.*
(principale) (sub. conj. complétive)

***Voilà** la pomme / que je veux.*
(principale) (sub. relative)

*Nous **voilà**.* (*nous* est compl. d'objet direct de *voilà*)

Voici doit être employé pour ce qui va être dit ou ce qui est proche.
Voilà doit être employé pour ce qui vient d'être dit ou ce qui est éloigné :

***Voici** ce que tu diras : « Je vous prie de m'excuser. »*

*« Je n'ai pas d'excuse », **voilà** ce qu'il m'a dit.*

162 – Gallicismes

Le **gallicisme** est une tournure propre au français. Il est ce qu'on ne peut traduire à la lettre dans une autre langue. Il emploie des lettres ou des mots superflus, des tournures qui échappent à l'analyse classique ou des images qui paraîtraient insensées à un étranger.

Les gallicismes les plus frappants sont :
- les lettres euphoniques,
- les gallicismes de syntaxe,
- les gallicismes de figure.

163 – Lettres euphoniques

Dans certains cas, surtout pour obtenir une liaison plus harmonieuse, on ajoute une des trois lettres *l, s, t* :

*Et **l**'on dira que vous avez bien fait. (voir n° 81)*
*Donne**s**-en. Vas-y.*
*Viendra-**t**-il ?*

164 – Gallicismes de syntaxe

Ces gallicismes usent de **mots explétifs** (mots en surplus, sans fonction grammaticale parce que leur valeur est allée s'affaiblissant). Les principaux mots explétifs sont :

165 – Gallicismes de figure

à	*Elle aime **à** venir ici.*
c'est... que	***C'est** ce jouet **que** je veux.*
	***Ce qui** trompe, **c'est** la distance.*
	*Qu'**est-ce qui** se passe ?*
	***C'est** parce que j'étais pressé **que** j'ai couru.*
comme	*Je le considère **comme** coupable.*
de	*La ville **de** Strasbourg.*
	*Il reste trois bouteilles **de** pleines.*
en	*Il s'**en** est pris au chien.*
il	***Il** fait froid.*
le	***Le** prendre de haut.*
	*Il **l**'a emporté sur son concurrent.*
ne	*Je crains qu'il **ne** s'enrhume.*
	*Vous êtes plus habile que je **ne** pensais.*
que	*Ce fut un grand humoriste **que** Tristan Bernard.*
que de	*Si ce n'était **que de** moi.*
y	*Je t'**y** prends.*
si... c'est	***Si** j'ai refusé, **c'est** par prudence.*

Ces gallicismes, à base de métaphores, peuvent être considérés en entier comme des locutions verbales : *Brûler les planches. Avoir maille à partir. Se mettre en quatre. La bailler belle. Avoir de quoi.*

Beaucoup de ces figures font allusion à un organe anatomique :

Forcer la main	*La poudre aux yeux*
Avoir la haute main	*Y aller les yeux fermés*
Mettre la main à la pâte	*Avoir l'oreille de quelqu'un*
Fendre le cœur	*Mettre les pouces*
Le cœur sur la main	*Travailler d'arrache-pied*
Du cœur à l'ouvrage	*Avoir de l'estomac*
Apprendre par cœur	*Tirer les vers du nez*
Rire de bon cœur	*Dormir d'un œil*
Sauter aux yeux	*Laver la tête*
Acheter à l'œil	*Un coup de tête…*

Ce qui mène ainsi aux innombrables expressions figurées et locutions proverbiales (certaines étant des allusions à des faits connus) :

L'esprit de l'escalier	*Garder une poire pour la soif*
Le quart d'heure de Rabelais	*Aller à Canossa*
Saisir la balle au bond	*Tailler des croupières*
Le chant du cygne	*Les calendes grecques*
La mouche du coche	*Prendre le taureau par les cornes*
Faire la pluie et le beau temps	*Monter sur ses grands chevaux*
Un coup de Jarnac	*Un pays de Cocagne…*

Les locutions verbales, les semi-auxiliaires, certaines ellipses (« *une timbale à la milanaise* », en raccourci pour *« à la manière milanaise »*), les verbes unipersonnels, l'emploi du présent pour le futur *(Demain, si tu es malade, nous ne sortirons pas)*, de l'imparfait pour le conditionnel *(Si tu étais malade, nous ne sortirions pas)*, les verbes pronominaux de sens passif *(L'huître se mange vivante)*, etc., sont bien propres à notre langue. On voit donc que la notion de gallicisme peut aller très loin.

LES PROPOSITIONS DANS LA PHRASE

166 – La phrase française

Le discours peut emprunter plusieurs styles :

a) Style direct.

« Comment transporterez-vous ce meuble ?
— Je vais louer une camionnette. Mon beau-père m'aidera pour le chargement. »

b) Style indirect.

Quand je lui ai demandé de quelle manière il comptait assurer le transport de ce meuble, il m'a dit qu'il louerait une camionnette et se ferait aider par son beau-père pour le chargement.

c) Style indirect libre.

Je ne me rappelle plus les termes employés, mais il devait demander à son beau-père un coup de main pour charger le meuble sur une camionnette de location.

Le discours peut aussi se situer à plusieurs niveaux :

Il eût été souhaitable que cette porte fût plus résistante.
Il aurait fallu que la porte soit plus solide.
La porte manquait de solidité, c'est regrettable.
Fallait que la porte elle « soye » solide.
La lourde, question costaud, n'était pas de première.

167 – Forme des phrases

	Positive	Négative
Énonciative ou déclarative	*Tu pars tôt ce matin.*	*Il ne mange jamais de navets.*
Interrogative	*Que faut-il emporter ?*	*N'êtes-vous pas fous ?*
Exclamative	*Quel choc ce fut !*	*Qu'il ne se montre jamais !*
Impérative	*Viens ici.*	*Ne sors pas.*
Interrogative et exclamative	*Qu'a-t-il à me dévisager ?*	*Que n'achète-t-il une voiture !*

La forme d'une phrase complexe est essentiellement celle de la proposition principale qui commande l'ensemble et qui décide du point final à adopter (. ? !).
La phrase française est plus ou moins longue ; si l'une peut tenir en un mot, une autre peut ne pas tenir dans une page.
Les phrases les plus simples, les phrases nues, sont celles que l'émetteur réduit à un mot essentiel, estimant que le récepteur comprendra d'emblée :

Phrases nominales :
Attention ! Belle récolte. Quel film ! Demain représentation exceptionnelle. Stupeur des assistants devant un tel aplomb.

Phrases verbales :
Viens — J'arrive — Faites attention ! C'est magnifique.
Écoutons attentivement ses explications.

168 – Les propositions dans la phrase

Le maître mot de la phrase est le **verbe.**

En principe, il y a autant de propositions dans la phrase que de verbes à un mode personnel (indicatif, conditionnel, impératif, subjonctif) et de verbes à l'infinitif ou au participe ayant un sujet propre. Il faut encore compter les infinitifs dits interrogatifs :

Je ne sais / que répondre.
(sub. de déclaration contenue)

et les verbes sous-entendus :

Bien ! ce plongeon.
(prop. indépendante)

La **phrase simple** ne comporte qu'une proposition indépendante :

Cette émission aura lieu mercredi soir.
Le conducteur s'est arrêté au feu rouge.

La **phrase complexe** comprend plusieurs propositions :

Jean a reçu le premier prix / et a été félicité par sa famille.
(deux indépendantes)

Nous souhaitons/que vous restiez plus longtemps.
(une principale + une subordonnée)

Le pronom relatif permet de fondre deux phrases simples en une phrase complexe :

Je vous avais parlé de mon oncle. Il est arrivé hier.
*L'oncle/***dont** *je vous avais parlé / est arrivé hier.*
(sub. relative)

169 – Nature des propositions

La **proposition indépendante** n'a pas de subordonnée :

L'épicier range les bouteilles.
Pourquoi ris-tu ?
Que c'est beau ! (*que* est adverbe)

La **proposition principale** a une ou plusieurs subordonnées.

L'épicier range les bouteilles / qu'on vient de livrer.
(principale) (subordonnée)
Nous irons manger / quand tu auras fini.
(principale) (subordonnée)
Pour que la maison ferme bien / et que les voleurs ne soient pas tentés,
(1re subordonnée) (2e subordonnée)
/ nous avons placé une grille.
(principale)

La proposition subordonnée complète une principale.

Prends le paquet / qui est sur la table.
(principale) (sub. relative)
Tu pourras y aller / si tu as fini.
(principale) (sub. conjonctive)

Il serait plus juste de nommer « dépendantes » ce que nous appelons « subordonnées », car il arrive qu'elles contiennent l'information la plus importante de la phrase :

Il est là, / qui nous nargue.
Nous apprenons / que le bateau a chaviré.

Il arrive qu'une subordonnée joue à son tour le rôle de principale pour une autre subordonnée. C'est une subordonnée principale :

Tu éplucheras les légumes
(principale)
/ quand tu auras fini de cirer les souliers / qui sont là.
(sub. principale) (sub.)

170 – Propositions juxtaposées et coordonnées

Des propositions de même nature peuvent être :

a) **juxtaposées** (sans mot de liaison) :

Le cavalier avançait au pas, / son cheval soufflait.
(deux indépendantes juxtaposées)

b) **coordonnées** (par une conjonction de coordination) :

Nous étions en retard / et le soir tombait.
(deux indépendantes coordonnées par *et*)

Je vis le lapin / qui sortait du trou /
(principale) (subordonnée)
et qui se sauva à mon approche.
(subordonnée) (deux subord. coordonnées par *et*)

171 – Propositions intercalées

Une proposition peut être **intercalée** dans une autre proposition :
*Le charbon / **que nous brûlons** / vient de Pologne.*
(subordonnée intercalée dans la principale)

*Nous entendons les cochons / **qui grognent** /*
*et les poules / **qui gloussent**.*
(La principale est interrompue par une subordonnée intercalée et suivie d'une autre subordonnée.)

Si la proposition intercalée est isolée par la ponctuation, elle est dite **incise** ou **incidente** :

*Il faut, **nous dit l'agent**,*
déblayer la chaussée sans délai.
*Elle nous demanda — **son sourire était charmant** — de l'aider à remplacer la roue.*
*Je crois, **répondit-il après qu'il eut réfléchi**,*
pouvoir vous venir en aide.
(Dans l'indépendante, il y a une incise faite d'une principale avec sa subordonnée.)

172 – Propositions corrélatives

Des propositions sont dites **corrélatives** quand elles sont en relation de mutuelle dépendance :

Moins tu le connais, / mieux cela vaut.

Il n'y a pas là deux indépendantes, mais une subordonnée suivie d'une principale.

Ces sortes de construction sont souvent elliptiques du verbe :

Moins d'enfants, moins de soucis.

La seconde proposition est la principale *(On a moins de soucis)* dont dépend la première *(quand on a moins d'enfants).*

173 – Propositions elliptiques et sous-entendues

Une proposition est **elliptique** quand un de ses termes est sous-entendu. On observe des propositions elliptiques :
— du verbe : *Il boit du thé / et sa femme* (boit) *du lait.*
— du sujet : *Tu lis / et* (tu) *dors à la fois.*
— de l'auxiliaire : *Ils ont vu / et* (ont) *admiré la statue.*

— du complément d'objet : *Vous dites ?* (Que dites-vous ?)
— de l'attribut : *Il est* (doué) *d'un caractère accommodant.*
— du mot de subordination : *L'usine est pleine de machines qui tournent, /* (qui) *ronflent / et* (qui) *sifflent.*
— ou de plusieurs termes à la fois : *J'ai vu que tu avais pris / et* (que tu avais) *mangé du gâteau.*

Une proposition entière est quelquefois **sous-entendue**, surtout dans le langage parlé :

Quand je vous disais que nous aurions de la pluie !
(J'avais raison)
Si j'avais su !
(J'aurais agi autrement)
(Il me faudrait) *Moi, me taire ?*

174 – Fonctions des propositions indépendantes

Il n'est pas d'usage de reconnaître une fonction à la proposition indépendante. Cependant il est évident que tout énoncé est en relation avec son contexte, même s'il en est isolé par une ponctuation forte.

L'orage éclata. Nous fûmes heureux de trouver cette cabane.
(La seconde phrase est une proposition qui marque la conséquence.)

Donc, selon moi, vous devez retirer votre candidature.
(Cette indépendante est coordonnée au discours qui la précède.)

Moins nettement que la subordination, la coordination marque un rapport :

a) de restriction, d'opposition, de concession :
*Je plie / **et ne romps pas.*** (La Fontaine, *Fables*, I, 22)

b) de cause :
*Elle mit son chapeau / **car le soleil était brûlant.***

c) de conséquence :
*Il pleuvait, / **alors il prit son imperméable.***

d) de supposition :
***Soyez prévenant**, /on ne vous en remercie même pas.*

e) de comparaison, d'addition, de choix, etc.

Dans une phrase les **deux points** peuvent annoncer une proposition qui dépend de la précédente en la complétant ou en l'expliquant :

Florence demanda : « Où est mon frère ? »
(principale) (sub. compl. d'objet de *demanda*)

Je le déclare sans honte : je n'ai pas compris.
(principale) (sub. apposition à *le*)

Enfin le père sourit : son enfant était sauvé.
(principale) (sub. compl. circ. de cause de *sourit*)

175 – Classement des subordonnées

1. Avec subordonnant :

Subordonnées relatives (S.R.)

Subordonnées conjonctives (S.C.)
* S.C. complétives
S.C. circonstancielles

Subordonnées indirectes
* S. d'interrogation indirecte
* S. d'exclamation indirecte
* S. de déclaration contenue

2. Sans subordonnant :
* Subordonnées infinitives Subordonnées participiales

Dans le tableau ci-dessus, les subordonnées marquées d'un astérisque sont dites **complétives**. La subordonnée complétive est indispensable à la principale, alors que cette dernière pourrait se passer de la subordonnée circonstancielle.

Il est nécessaire / que tu partes.
P. S. complétive

Tu partiras / lorsque le moment sera venu.
P. S. circonstancielle

176 – Propositions subordonnées relatives

Les propositions subordonnées relatives sont introduites par un pronom relatif ou un adjectif relatif :

Observe l'abeille / ***qui*** *se pose.*
P. S.R.

Il nous a fallu abattre l'arbre du jardin,
P.
*/***lequel** *arbre menaçait de tomber.*
S.R.

Quiconque *a menti / sera puni.*
S.R. P.

(Le mot *quiconque* joue un rôle dans les deux propositions.)

Le subordonnant (mot d'introduction) peut être précédé d'une préposition :

On a coupé l'arbre / près duquel je m'asseyais.
P. S.R.

Une subordonnée relative peut être elliptique :

Il eut successivement trois femmes, / dont une Anglaise.
P. S.R.

177 – Fonctions des subordonnées relatives avec antécédent

Ces subordonnées sont complément de l'antécédent :

Cadet Rousselle a trois maisons / qui n'ont ni poutres ni chevrons.
(S.R. complément de *maisons*)

J'ai jeté celles / qui étaient gâtées.
(S.R. compl. de *celles*)

Il sollicita la place, présomptueux / qu'il était.
P. adj. en apposition S.R. compl. de l'adj. *présomptueux*

La subordonnée relative avec antécédent est :

1) déterminative quand elle suit un terme assez général qu'elle précise. L'ensemble (antécédent et subordonnée) forme un syntagme qu'on ne peut séparer et qui a toutes les fonctions du nom. (Quand l'analyse par la forme risque d'être absurde, il faut lui préférer l'analyse par le sens.)

L'homme ***que tu as vu*** */ est / un filou.*
sujet verbe attribut du groupe sujet

Il m'a fait / ce ***que je suis.***
attribut du compl. d'objet *m'*

Elle admirait / ce ***qu'on préparait.***
compl. d'objet. de *admirait*

Les pommes ***qui étaient tachées*** */ furent jetées au porc.*
S.R. déterminative

2) simplement **explicative** quand elle n'énonce qu'une circonstance accessoire :

Le match était arbitré par un Espagnol /
qui se montra fort correct.

L'explication est souvent marquée par des virgules :

Les pommes, ***qui étaient tachées****, furent jetées au porc.*

La subordonnée relative peut avoir valeur d'adjectif :

On lui envoya un employé tout jeune /
et qui manquait d'assurance.
(La S.R. est épithète d'*employé*.)

178 – Fonctions des subordonnées relatives sans antécédent

Ces subordonnées ont les fonctions du nom :

Qui se couchait */ mourait.*
S.R. sujet de *mourait*

Je ne suis pas / ***qui vous imaginez.***
S.R. attribut de *je*

Tu abattras / ***quiconque essaiera de passer.***
S.R. compl. d'objet de *abattras*

Il a été interné / ***par qui vous savez.***
compl. d'agent de *a été interné*

Il mit des fleurs / ***où il avait été prévu des légumes.***
P. S.R. compl. circ. de lieu et d'opposition

On peut quelquefois discerner dans certaines subordonnées relatives l'expression d'une circonstance :

La haie, / qui est haute et fournie, / le cache entièrement.
S.R. compl. circ. de cause

Il cherchait une secrétaire / qui sût le portugais.
S.R. compl. circ.
de condition

179 – Propositions subordonnées conjonctives

Les propositions subordonnées conjonctives sont introduites par une conjonction, ou locution conjonctive, de subordination.
Il faut distinguer :
— les subordonnées conjonctives introduites par *que* (qui sont **complétives**),
— les subordonnées conjonctives introduites par une autre conjonction de subordination (qui sont **circonstancielles**).

180 – Subordonnées conjonctives complétives

La subordonnée conjonctive introduite par *que, à ce que, de ce que, du fait que* est :

a) souvent **complément d'objet** du verbe de la principale :

Je veux / qu'on soit sincère.
P. S. C. compl. d'objet de *veux*
(Molière, *Le Misanthrope*, I, 1)

Je veille / à ce que le lait ne déborde pas.
P. S. C. compl. d'objet de *veille*

Elle se plaint / du fait que tu as été injuste.
P. S. C. compl. d'objet et de cause
de *plaint*

b) quelquefois **sujet du verbe** de la principale :

Il est utile / que tu partes.
sujet réel de *est utile*

Qu'il arrive si vite / serait surprenant.
S. C. sujet de *serait*

Le malheur est / que le moteur ne tourne pas.
P. renfermant le verbe et l'attribut — S. C. sujet de *est*

Dans une phrase de ce type, l'attribut (terme qui qualifie, qui a le plus d'extension) est en tête ; le sujet (terme le plus précis) est à la fin. Cette précision fait donc qu'on ne trouve jamais de subordonnée conjonctive introduite par *que* dans la position d'attribut. Voir n° 202.

c) quelquefois **complément d'un adjectif, d'un participe, d'un adverbe, d'un nom** :

Je suis sûr / qu'il réussira.
S. C. compl. de *sûr*

Il semble fâché / de ce que vous avez oublié le sac.
S. C. compl. de *fâché*

Il s'est tu dans la crainte / que tu le punisses.
S. C. compl. de *crainte*

d) rarement, **en apposition à un nom ou à la principale** :

Que tu ajournes ton départ, / cela va les gêner.
S. C. apposition à *cela*

Remarque : La conjonction *que* est employée comme subordonnant de remplacement pour ne pas répéter une autre conjonction de subordination :

Quand le repas sera fini
/ et ***que*** *la nuit sera venue,*
/ nous irons observer le ciel.

181 – Subordonnées conjonctives circonstancielles

Ces subordonnées sont complément circonstanciel de la principale. Les circonstances exposées ne sont pas limitées, mais les cas ci-après sont surtout observés.

182 – Subordonnées temporelles

La **subordonnée temporelle** est complément circonstanciel de temps de la principale.

Subordonnants : *alors que, à mesure que, après que, au moment où, aussitôt que, comme, depuis que, dès que, en même temps que, lorsque, pendant que, quand, sitôt que, tandis que, tant que, toutes les fois que, avant que, en attendant que, jusqu'à ce que*, etc.

Quand le chat n'est pas là, / les souris dansent.
S. C. temporelle P.

Elles bavardent / en attendant qu'il fasse son entrée.
P. S. C. temporelle

183 – Subordonnées justificatives

La **subordonnée justificative** est complément circonstanciel de justification par cause ou effet de la principale. On peut la nommer, selon le cas, **subordonnée causale** ou **subordonnée effective**.

Subordonnants : *alors que, attendu que, comme, d'autant que, de ce que, dès lors que, du fait que, étant donné que, lorsque, du moment que, parce que, pour la raison que, si, pour que, vu que*, etc.

Puisque tu sors, / je t'accompagne.
S. C. causale P. exprimant l'effet

J'aime l'araignée / et j'aime l'ortie /
P. P.
parce qu'on les hait.
S. C. compl. de cause des deux P. coordonnées
(V. Hugo, *Les Contemplations*, III, 27)

Si tu rougis, / tu mens.
S. C. effective compl. d'effet de la P. — P. exprimant la cause

Puisqu'il y a un garage,
S. C. causale
/ mon mari va être content.

Puisqu'il y a un garage,
S. C. effective
/ le prédécesseur avait une voiture.

Du moment qu'il a de la fièvre, / ce doit être une insolation.
S. C. effective

Si cette droite est perpendiculaire aux deux autres,
S. C. effective
/c'est que celles-ci sont parallèles.

Pour qu'ils ne les invitent plus, / ils doivent être fâchés.
S. C. effective

(Quand une subordonnée est effective, la principale est causale.)

Elle bâille, / elle a sommeil.

De ces deux indépendantes, la première est effective, la seconde est causale. On remarque qu'alors il n'y a plus de principale : la subordination est réciproque.

184 – Subordonnées consécutives

La **subordonnée consécutive** est complément circonstanciel de conséquence de la principale.

Subordonnants : *à tel point que, de façon que, de manière que, de sorte que, si bien que, tant que, pour que*, etc.

Il pleut / tant qu'on ne peut faire les semailles.
P. S. C. de conséquence

La chétive pécore s'enfla / si bien qu'elle creva.
P. S. C. consécutive
(La Fontaine, *Fables*, I, 3)

Il pleut / trop pour qu'on puisse faire les semailles.
S. C. de conséquence éventuelle

D'où vient-il / qu'il a les bras égratignés ?
S. C. de conséquence interrogative

185 – Subordonnées finales

La **subordonnée finale** est complément circonstanciel de but ou d'intention de la principale.

Subordonnants : *afin que, de façon que, de manière que, de peur que, de sorte que, de telle sorte que, pour que*, etc.

Donnez / afin qu'on dise :
P. S. C. finale compl. de conséquence de la P.
/ Il a pitié de nous.
S. à la précédente, compl. d'objet de *dise*

186 – Subordonnées de cause finale

Dans la **subordonnée de cause finale**, cause et but se confondent.

Il fait des heures supplémentaires
P.
/ afin que ses enfants puissent continuer leurs études.
S. C. de cause finale

187 – Subordonnées concessives

La **subordonnée concessive** est complément circonstanciel de concession, d'opposition ou de restriction de la principale.

> Subordonnants : *alors que, aussi... que, bien loin que, bien que, cependant que, encore que, en dépit que, lorsque, pendant que, quelque... que, quoique, si ce n'est que, si... que, sous la réserve que, tandis que*, etc.

Il était généreux / quoiqu'il fût économe.
P. S. C. concessive
(*V. Hugo, La Légende des siècles*, I, 6)

Si fort qu'il se croie,
S. C. concessive
/ il ne pourra pas continuer longtemps.
P.

Tu te prélasses / alors qu'on nous attend.
P. S. C. concessive

188 – Subordonnées hypothétiques ou conditionnelles

La **subordonnée hypothétique** ou **conditionnelle** est complément circonstanciel de supposition, de condition de la principale.

Subordonnants : *à condition que, excepté si, moyennant que, pour autant que, sauf si, selon que, suivant que, à moins que, au cas que, en admettant que, en supposant que, pour peu que, pourvu que, si ce n'est que, si tant est que,* etc.

Je le ferais encor / si j'avais à le faire.
P. S. C. hypothétique
(Corneille, *Le Cid*, III, 4)

Au cas où il viendrait, / dites-lui d'attendre.
S. C. hypothétique P.

Nous irons / à condition que tu viennes.
P. S. C. conditionnelle

Arrête, / tu l'étoufferais ! (si tu continuais à serrer)
indépendante P. S. C. hypothétique non formulée

189 – Subordonnées comparatives

La **subordonnée comparative** est complément circonstanciel de comparaison de la principale.

Subordonnants : *ainsi que, autant que, aussi... que, autre que, comme, de la même manière que, de même que, mieux que, moins que, pis que, plus que, selon que, suivant que, tant que, tel que,* etc.

Comme on fait son lit / on se couche.
S. C. comparative P.

Leur amitié fut courte / autant qu'elle était rare.
P. S. C. comparative
(La Fontaine, *Fables*, IV, 18)

190 – Autres subordonnées circonstancielles

On trouve encore, par exemple, des subordonnées conjonctives :

• **additives** (compl. circ. d'addition) :

Outre qu'il est laid, / ses façons sont vraiment vulgaires.
S. C. additive P.

• **restrictives** (compl. circ. de restriction ou d'exclusion) :

On croirait manger de la poire
P.
/ sauf que la saveur en est plus âcre.
S. C. restrictive

• **alternatives** (compl. circ. d'option ou de choix) :

Tu ne sortiras qu'accompagné, / soit qu'on vienne te chercher,
P. S. C. alternative
/ soit que je te conduise.
S. C. alternative

• **modales** (compl. circ. de manière) :

Les jours passent / sans qu'on y pense.
P. S. C. modale

191 – Subordonnées circonstancielles complexes

Dans certaines subordonnées conjonctives, plusieurs circonstances peuvent être discernées. Par exemple :

Depuis si longtemps que tu manges, / tu devrais être rassasié.
S. C. temporelle-causale P.

Quand tu m'appelleras, / je viendrai.
S. C. temporelle-hypothétique-causale P.

Quand il faudrait être ferme, / il se met à plaisanter.
S. C. temporelle-concessive P.

Elle était crispée, / comme si elle avait craint un malheur.
P. S. C. hypothétique-comparative

Je t'accompagne / où que tu ailles.
P. S. C. hypothétique-locative

Il existe même des subordonnées conjonctives circonstancielles qui jouent le rôle de complétives :

Sa plus grande joie / est
attribut verbe
/ quand sa mère doit passer.
S. C. sujet et compl. circ. de temps de ce qui précède
(R. Rolland, *Jean-Christophe*, I, 122)

192 – Propositions subordonnées indirectes

L'interrogation, l'exclamation et la déclaration peuvent s'énoncer directement ou indirectement. Dans ce dernier cas, on a recours à une subordonnée indirecte.

193 – Interrogation et subordonnée d'interrogation indirecte

1) **Interrogation directe** (avec point d'interrogation) :

Combien avez-vous d'enfants ?
(proposition indépendante)

Combien avez-vous d'enfants / qui vont à l'école ?
P. S. R.

2) **Interrogation indirecte** (sans point d'interrogation) :

Je vous demande / combien vous avez d'enfants.
P. S. d'interrogation indirecte

Dites-moi / desquels vous avez besoin.
P. S. d'interrogation indirecte

Je voudrais bien savoir / quel était ce jeune homme,
P. S. d'interrogation indirecte
/ si c'est un grand seigneur / et comment il se nomme.
S. d'interrogation indirecte S. d'interrogation indirecte
(Carré et Barbier, livret de *Faust* de Gounod, I)

Il ne faut pas « hybrider » l'interrogation directe avec l'interrogation indirecte. On ne dira donc pas :

Dites-nous si cette serrure a-t-elle été forcée.

Fonction : La subordonnée d'interrogation indirecte est complément d'objet du verbe de la principale.

194 – Exclamation et subordonnée d'exclamation indirecte

1) **Exclamation directe** (avec point d'exclamation) :

Quel chagrin j'ai éprouvé ! (proposition indépendante)

2) **Exclamation indirecte** (sans point d'exclamation) :

Voyez / comme il vous aime.
P. S. d'exclamation indirecte

Fonction : La subordonnée d'exclamation indirecte est complément d'objet du verbe de la principale.

195 – Subordonnée de déclaration contenue

Il y a **subordonnée de déclaration contenue** lorsqu'il n'y a plus interrogation, mais constatation. Le fait évoqué dans la subordonnée ne fait pas l'objet d'une question, bien qu'il ne soit pas révélé.

Je sais / combien tu gagnes.
P. S. de déclaration contenue

Il va nous expliquer / pourquoi il est parti.
P. S. de déclaration contenue

Fonctions : La subordonnée de déclaration contenue est sujet ou complément d'objet du verbe de la principale :

De quelle façon il est sorti / ne nous regarde pas.
S. sujet de *regarde*

J'ignore / de quel délit il est coupable.
S. compl. d'objet de *ignore*

Ce serait une erreur de ranger les subordonnées de déclaration contenue et les subordonnées d'exclamation indirecte parmi les subordonnées d'interrogation indirecte.

196 – Propositions subordonnées sans subordonnant

Notre système d'analyse de la phrase est là dans un domaine conventionnel qui n'a été adopté que par commodité.

Examinons ces trois phrases, de sens identique :

Le banquier a promis qu'il participerait à l'entreprise.

Le banquier a promis de participer à l'entreprise.

Le banquier a promis sa participation à l'entreprise.

La deuxième phrase est une transition entre la première, qui contient deux propositions, et la troisième, qui n'est qu'une proposition indépendante. C'est sur cette phrase qu'il a fallu trancher.

Il n'y a proposition infinitive ou participiale que si l'infinitif ou le participe ont un sujet distinct de celui de la principale.

Joseph a vu / la femme se glisser dans le jardin.
P. S. infinitive

La grêle étant finie, / le fermier courut à son champ.
S. participiale P.

197 – Subordonnées infinitives

La **subordonnée infinitive** contient un verbe à l'infinitif ayant un sujet propre.

On entendit / l'infirmier monter.
P. S. infinitive

Voici / venir la bise.
P. (présentatif verbal) S. infinitive

Je vois / mes honneurs croître / et tomber mon crédit.
P. S. infinitive S. infinitive
(Racine, *Britannicus*, I, 1)

Je vous regarde venir.
P. : *Je regarde.* S. infinitive : *vous venir.*

Fonction : La subordonnée infinitive est complément d'objet du verbe de la principale.

Nous avons regardé / *travailler le peintre.*
P. S. infinitive, compl. d'objet de *avons regardé*

198 – Subordonnées participiales

La **subordonnée participiale** contient un participe, présent ou passé, ayant un sujet propre, ce sujet n'ayant aucune autre fonction dans la phrase. Elle est isolée par la ponctuation : c'est une circonstancielle absolue.

Ma tante étant malade, / il ne fallait pas faire de bruit.
S. participiale P.

Le repas terminé, / nous nous couchâmes.
S. participiale P.

Fonction : La subordonnée participiale est complément circonstanciel de la principale.

Les vacances finies, / il faut songer au chauffage.
S. temporelle P.

Le bavardage continuant, / nous avons arrêté la radio.
S. causale P.

Vous pouvez réussir, / la chance aidant.
P. S. conditionnelle

LES FONCTIONS GRAMMATICALES

199 – Analyse du français

Il y a, en grammaire, une notion qu'il ne faut pas perdre de vue pour mieux comprendre le français, mieux analyser : les termes qui complètent le nom (ou son équivalent) et le verbe (donc la proposition) sont :

a) **déterminatifs**, inséparables de l'élément principal et indispensables au sens ; ou

b) **explicatifs**, dont on peut se passer sans grand dommage pour le sens.
La partie déterminative (mot, groupe de mots, proposition) n'est jamais isolée par des virgules.

*Les livres / **que je viens de lire** / ne valent pas grand-chose.*
(La subordonnée est déterminative.)

*Les livres, / **que je respecte**, / représentent toujours un travail estimable.*
(La subordonnée est explicative.)

200 – Sujet du verbe

Sens : le sujet désigne l'être ou la chose dont on dit ce qu'ils font, ce qu'ils sont ou ce qu'ils subissent.

Syntaxe : le sujet, qui commande l'accord du verbe, se trouve aisément en posant la question : Qu'est-ce qui (verbe) ? Qui est-ce qui (verbe) ?

*Le **temps** passe*. (nom sujet)
***Elle** chante*. (pronom sujet)
*Dans la rue passent **trois motos***. (sujet inversé)
***Sa femme** et **ses enfants** attendaient*.
(verbe commun à deux sujets)

***Le marchand** jura et tempêta.*
(sujet commun à deux verbes)
***Qui vivra** verra.* (S. R. sujet)
***L'enfant qui passe** est en retard.*
(nom + S. R. — groupe sujet)
***Il** manque **deux cartes**.* (*il* est sujet grammatical ou apparent et commande l'accord ; *deux cartes* est sujet logique ou réel)
*Il est ridicule **que tu refuses**.* (la S. C. est sujet réel)
***Trop parler** nuit.*
(groupe verbal dit « infinitif nominal » sujet)
***Que tu te plaises ici** m'est très agréable.* (S. C. sujet)
*Il n'est pas précisé **quand l'avion partira**.*
(S. temporelle sujet)
***Si elle glissait** serait catastrophique.*
(S. C. hypothétique sujet)
***Un prince épouser une bergère** est un événement rare.* (S. infinitive sujet)
Quel fut son complice, cette précision
n'est pas révélée.
sujet insistant en apposition — sujet immédiat
***Quoi** de plus réjouissant* ! (pronom exclamatif sujet d'un verbe sous-entendu)

Quand un verbe a pour sujet plusieurs personnes, il se met au pluriel, à la personne prioritaire, la 1re l'emportant sur les autres et la 2e sur la 3e.

*Toi et cette femme **êtes** compatriotes.*
*Mon frère et moi **sommes** nés en juin.*
*Toi, Julien et son frère **ferez** ce travail.*
*L'ingénieur et ton associé **vérifieront**.*

Si un cas de ce genre crée un doute, il suffit d'imaginer le pronom personnel qui résume les sujets.

201 – Attribut du sujet

Sens : l'attribut indique une qualité, une manière d'être, une désignation assignée par le verbe à un être ou à une chose.

Syntaxe : l'attribut est relié au sujet par un verbe copule comme : *être, sembler, devenir, paraître, rester, se nommer, se croire, passer pour, se prétendre, servir de, être appelé, être nommé, être traité de*, etc.

Sa mère est ***élégante***. (adjectif attribut du sujet)
Notre voisin est ***dentiste***. (nom attribut de *voisin*)
Tout vous semble ***facile***. (*facile* attribut de *tout*)
Il a été élu ***conseiller municipal***.
Elle mourut ***oubliée***. (participe-adjectif attribut)
Ils étaient ***dix mille***. (pronom numéral attribut)
C'est ***champion*** *!*
Cette idée demeure ***la mienne***. (pronom attribut)
Affirmer n'est pas ***prouver***. (infinitif nominal attribut)
Je ne suis pas ***qui vous croyez***. (S. R. attribut)
Quelles *que soient les bonnes raisons*.
(adj. indéfini attribut)
Quels *sont-ils ?* (adj. interrogatif attribut)
Quelle *sera sa déconvenue !* (adj. exclamatif attribut)
C'est ***assez***. (adverbe attribut)
Comment *semble-t-il ?* (adverbe interrogatif attribut)
Il est ***ce que son père était***.
(pronom + S. R. déterminative attribut de *il*)

202 – Sujet et attribut

De deux termes désignant le même être, la même chose, le plus précis est le **sujet** ; le plus général, celui qui qualifie, est l'**attribut**, quel que soit l'ordre de présentation.

New York *est* ***la plus grande ville.***
sujet attribut

Avec une inversion, on a :

La plus grande ville *est* ***New York.***
attribut sujet

Qu'il trouve un appartement *est* ***la grande difficulté.***
sujet attribut du sujet

Il n'y a jamais de subordonnée conjonctive attribut ; celle qui semble l'être est en vérité une subordonnée conjonctive sujet inversé :

L'inconvénient *est* ***que ce voyage coûte cher.***
attribut du sujet S. C. complétive sujet

203 – Attribut de l'objet (ou attribut du complément d'objet)

L'attribut de l'objet exprime une qualification attribuée au complément d'objet du verbe.

On le dit ***ingénieur***. (attribut de *le*)
Cela rendit le repas ***austère***. (attribut de *repas*)
Je le crois ***honnête homme***. (attribut de *le*)
Cet outil est ce qu'on appelle ***un tourne-à-gauche***.
(attribut de l'objet *qu'*)
Cette séparation l'a rendu ***taciturne***. (attribut de *l'*)
Il m'a fait ce ***que je suis***.
(S. R. déterminative, attribut du compl. d'objet *m'*)
Je les vois ***qui ont l'air triste***. (S. R. attribut de *les*)
Pour ***qui*** *me prends-tu ?*
(pronom interrogatif attribut de *me*)
Je considère ta proposition
comme ***correspondant à mes vues***.
(syntagme adjectif attribut de *proposition*)

L'attribut de l'objet indirect est rare :

Elle se souvient de moi comme ***étudiant****.* (attribut de *moi*)

Je lui ai donné la maison ***à vendre****.*
(infinitif nominal attribut de *maison*)

204 – Complément d'objet direct du verbe

Sens : le complément d'objet direct du verbe désigne l'être ou la chose à laquelle s'applique directement (sans préposition) l'action accomplie par le sujet.

Syntaxe : à condition qu'il s'agisse d'un verbe d'action, on trouve aisément le complément d'objet direct en posant la question : (sujet + verbe) qui ? quoi ?

Elle suce ***une pastille****.*
(nom compl. d'objet direct de *suce*)

J'aime ***le son du cor****.* (syntagme compl. d'objet direct)

Elle ***l'****appelle.* (pronom c.o.d.)

Il mange ***de la confiture****.*
(*de la* est article partitif ; *confiture* est c.o.d.)

J'aime ***qui m'aime****.* (S. R. c.o.d.)

Je ne crois pas ***qu'il soit parti****.* (S. C. c.o.d.)

Il déteste ***être vu****.* (infinitif c.o.d.)

Nous nous sommes demandé ***si tu viendrais****.*
(S. C. c.o.d.)

Ne le voyez-vous pas ***venir*** *?* (infinitif nominal c.o.d.)

*Avais-je le droit de dévoiler/****ce que je venais de découvrir*** *?*
(S. R. déterminative c.o.d. de *dévoiler*)

On voyait / ***la lune se lever****.*
(S. infinitive c.o.d. de *voyait*)

Le roi ordonne / ***que l'homme soit exécuté****.*
(S. C. complétive c.o.d. de *ordonne*)

*Je préfère / **quand tu mets de la vanille**.*
(S. C. temporelle c.o.d. de *préfère*)
*Dites-nous / **combien vaut la maison**.*
(S. interrogative indirecte c.o.d. de *dites*)
*Il a été remarqué / **comme tu étais en retard**.*
(S. exclamative indirecte c.o.d.)
*Nous ne saurons pas / **de quelle façon il l'a eu**.*
(S. de déclaration contenue c.o.d.)

205 – Complément d'objet indirect du verbe

Sens : le complément d'objet indirect du verbe désigne l'être ou la chose à laquelle s'applique indirectement (par l'entremise d'une préposition, énoncée ou latente) l'action accomplie par le sujet.

Syntaxe : à condition qu'il s'agisse d'un verbe d'action, on trouve aisément ce complément en posant la question : (sujet + verbe + préposition) qui ? quoi ?
La préposition n'est pas toujours visible dans la phrase, étant incluse dans une contraction : c'est la question ci-dessus qui la dévoile.

*Elle doutait de sa **probité**.*
(*probité* est compl. d'objet indirect de *doutait*)
*Tu dois te souvenir de **nos jeunes années**.*
*Le cheval obéit au **cavalier**.* (*obéit* à qui ?)
*Il a été procédé à **une modification**.*
(c.o.ind. d'un verbe passif)
*Tu **lui** ressembles.*
*J'aime à **rêver**.* (infinitif nominal c.o.ind.)
*Il obéit à **qui bon lui semble**.* (S. R. c.o.ind.)
*Tu te plains de **ce que les autres t'ignorent**.*
(S. C. complétive c.o.ind.)
*Cela donne à **réfléchir aux autres**.* (S. infinitive)

Les verbes qui amènent un complément d'objet indirect sont dits « transitifs indirects ».
La distinction, qui peut sembler un peu vaine, entre complément d'objet direct et complément d'objet indirect, est à connaître à cause de son application dans l'accord du participe passé. Voir n°s 36 et 38.

206 – Compléments d'objet spéciaux

Dans certains emplois, le complément d'objet est nommé :

— complément d'objet interne,

— complément d'objet second,

— complément d'attribution,

— complément de soustraction.

207 – Complément d'objet interne

L'usage se permet d'employer transitivement des verbes intransitifs par nature, en leur adjoignant un complément d'objet analogue au verbe :

Vivre ***sa vie***. (compl. d'objet interne de *vivre*)
Il pleura ***des pleurs amers***. *Ils jouent* ***gros jeu***.

208 – Complément d'objet second

Certains verbes transitifs à tournure active peuvent être construits simultanément avec un complément d'objet direct et un complément d'objet indirect. Dans ce cas, ce dernier indique le destinataire de l'action et est appelé **complément d'objet second.**

Il applique ***tous ses soins*** *à* ***cette affaire***.
c.o.d. c.o. second

Je ***lui*** *demande* ***un verre d'eau.***
c.o. second c.o.d.

Elle hérita ***une maison*** *de* ***son frère.***
c.o.d. c.o. second

Tu ***le*** ***lui*** *rendras.* (voir n° 67)
sujet c.o.d. c.o. second verbe

Le canal de Suez réunit ***la mer Rouge***
c.o.d.
à ***la Méditerranée.***
c.o. second

Il troqua ***une lampe*** *contre* ***un vieux cadre.***
c.o.d. c.o. second

209 – Complément d'attribution

Quand le complément d'objet indique l'être ou la chose au bénéfice desquels s'accomplit l'action, il est appelé **complément d'attribution du verbe**.

Il écrit à ***ses parents.*** (compl. d'attribution de *écrit*)

Ce qu'on donne aux ***méchants*** *toujours on le regrette.*
(La Fontaine, *Fables*, II, 7)

C'est toi qui remettras la coupe aux ***vainqueurs.***

On ***lui*** *a donné raison.*

Je l'annonce à ***ceux qui vont partir.***
(S. R. déterminative compl. d'attribution)

210 – Complément de soustraction

Ce complément indique au détriment de qui ou de quoi s'accomplit l'action.

On a subtilisé le sac à ***cette pauvre femme.***

Les arrhes ***leur*** *ont été retenues.*

On ***lui*** *a retiré son permis de conduire.*

211 – Complément d'agent du verbe passif

Ce complément indique l'auteur ou la source du verbe, c'est-à-dire l'être qui fait l'action supportée par le sujet du verbe à la voix passive.

Introduisants : *par, de, à* (vieilli).

Le bois est rongé par ***les termites****.*
(compl. d'agent du verbe)

Si la phrase est mise à la voix active, le compl. d'agent devient sujet : *Les termites rongent le bois.*

Elle est écoutée de ***ses élèves****.*

C'est par ***lui*** *que j'ai été averti.*

Des fleurs brisées par ***le vent****.*
(compl. d'agent d'un participe passé passif)

J'ai été informé par ***qui vous devinez****.*
(S. R. compl. d'agent)

Lettre à signer par ***le directeur****.*
(l'infinitif est de valeur passive)

Ce gilet est mangé aux ***mites****.*

Seuls les verbes transitifs directs peuvent avoir un complément d'agent, ainsi que les trois verbes *désobéir, obéir* et *pardonner* (qui l'étaient autrefois) :

Il était obéi de ***ses hommes****.*

212 – Complément d'intérêt

Le complément d'intérêt, destiné à relever l'intérêt du récit, indique la personne qui prend ou est conviée à prendre intérêt à l'action. Cette fonction est spéciale au pronom personnel.

*Regardez-**moi** ce curieux personnage.*
*Cet homme, il **vous** vidait une bouteille en un clin d'œil.*

213 – Complément subjectif du verbe d'état

Ce complément indique pour qui, subjectivement, existe un tel état. C'est une sorte de complément de considération construit sur la préposition « à », énoncée ou non.

*Le jardin parut à **ma femme** un peu petit.*
*Cela sembla assez mesquin aux **invités**.*
*Ce vase **m'**a l'air fragile.*
*Cela **lui** est égal.*

214 – Complément de détermination

Sens : le complément de détermination apporte, à un mot ou à son équivalent, une spécification et constitue avec lui une nouvelle unité significative.

Syntaxe : ce complément complète, par l'intermédiaire d'une préposition, le plus souvent :
— un nom,
— un pronom,
— un adjectif qualificatif,
— un participe,
— une interjection.

215 – Complément du nom

*Le panier de **pommes**.*
(*pommes* est complément de *panier*)
*Le héron au **long bec**.* (La Fontaine, *Fables*, VII, 4)
*Les armes d'**autrefois**.*
(l'adverbe est complément déterminatif)

Terrain à ***bâtir***. (infinitif nominal complétant le nom)

Les maisons de chez ***nous***.
(pronom complément du nom)

Ils ***en*** *ont vu le plan*. (le pronom *en* est compl. de *plan*)

La ville ***que j'habite***. (S. R. déterminative)

Le chapeau ***dont tu m'as parlé***. (S. R. déterminative)

Dans la crainte ***que tu le punisses***.
(S. C. compl. de *crainte*)

Le complément du nom exprime :

la qualité
(un mouchoir à *carreaux* ; un voyage sans *espoir*)
le sujet
(le discours du *président*)
l'objet
(le don du *sang*)
l'attribution
(l'annonce à *Marie*)
l'agent
(une blessure par *balle*)
le lieu
(la bataille de *Magenta*)
le temps
(le congé du *mercredi*)
le but (la lutte pour *la vie*)

la cause
(un râle de *douleur*)
le moyen
(une fixation à *bretelle*)
la possession
(la ferme de *mon oncle*)
la mesure
(des places à *cent francs*)
la matière
(une statuette de *cuivre*)
l'origine (le vent d'*ouest*)
l'auteur
(un opéra de *Rossini*)
le contenu
(un verre de *lait*)
la destination
(une boîte aux *lettres*).

La préposition est quelquefois omise dans le syntagme « nom-complément déterminatif » :

un café ***crème***
le style ***Directoire***
des bas ***Nylon***
la tour ***Eiffel***

*l'hôtel-***Dieu**
des pommes ***vapeur***
un homard ***mayonnaise***
un meuble ***rangement***

Il ne faut pas abuser de cette tournure facile. Si plusieurs noms ont le même complément, ils ne peuvent être que de même construction. Est correct :

L'obéissance et la soumission au supérieur.

Tandis qu'est incorrect :

La soumission et le respect du supérieur.

Un complément de détermination peut être déterminé à son tour : *La housse du fauteuil du salon du premier étage.*
Voir n° 238.

216 – Complément du pronom

Les pronoms démonstratifs, numéraux, interrogatifs et indéfinis peuvent avoir un complément analogue au complément du nom :

L'odeur du jasmin est plus forte que celle du ***muguet****.*
(*muguet* est complément de *celle*)
C'est donc quelqu'un des ***tiens****.*)
(*tiens* — tes proches — est un nom compl. de *quelqu'un*)
(La Fontaine, *Fables*, I, 10)

Entre autres défauts, il a celui de ***mentir****.*
(infinitif nominal)

Quatre de ***ses compagnons*** *se noyèrent.*

*Aucun d'****eux*** *n'est venu.*
(pronom complément du pronom *aucun*)

Celles ***que tu as achetées****.*
(S. R. déterminative)

Ceux de ***demain****.*
(adverbe)

217 – Complément de l'adjectif qualificatif

Cette habitude est nuisible à la ***santé****.*
(*santé* est compl. déterminatif de *nuisible*)
Ce vase plein de ***lait****, ce panier plein de* ***fleurs****.*
(Ronsard, *Amours de Marie*, II, 4)
Une voix agréable à ***entendre****.*
(infinitif nominal compl. de l'adjectif)
Elle est bien ***dans sa peau****.*
(groupe prépositionnel compl. de l'adjectif *bien*,
qui est analogue à *heureuse*)
Imbécile ***qu'il était****.*
(S. R. déterminative, compl. de *imbécile*)

Pour le complément de l'adjectif au comparatif et au superlatif, voir le n° 48.

218 – Complément du participe

Guéri de ***sa timidité****. Couvert de* ***honte****.*
Tremblant de ***peur****. Couché dans* ***le foin****.*
Il est porté à ***boire****.* (infinitif nominal)
Elle semble flattée / ***que tu remarques sa coiffure****.*
(S. C. compl. de *flattée*)

Ce participe est assimilable à l'adjectif.

219 – Complément de l'interjection

Gare aux ***épines*** *!*
Halte pour ***tous*** *!*

220 – Le « complément de l'adverbe »

En dépit des instructions officielles, il n'y a pas de complément de l'adverbe.

Les adverbes réputés avoir un tel complément sont :

1) des adverbes de quantité (*assez, beaucoup, bien, peu, suffisamment, tant, trop,* etc.) ;

2) des adverbes de manière (*conformément, contrairement, parallèlement, proportionnellement,* etc.).

Sont en général offerts en exemples :

Assez de ***sucre***. (*sucre* serait compl. de assez)
Il a rudement de la ***chance***.
(*chance* serait compl. de *rudement*)
Tracez l'allée perpendiculairement au ***mur***.
(*mur* serait compl. de *perpendiculairement*)

Mais ce n'est qu'une apparence. En effet :

1) L'adverbe de quantité a perdu là toute valeur adverbiale. Dans

Beaucoup de skieurs tombèrent,

on ne peut prétendre que *tombèrent* est modifié par l'adverbe *beaucoup*. Le mot important du groupe sujet est *skieurs,* qui commande l'accord du verbe. *Beaucoup de* est analogue à *plusieurs, force*. Ces sortes de mots comme *trop de, peu de,* etc. sont des adjectifs indéfinis de quantité (voir n° 58) qui se rapportent au nom qui suit.

Un butin de { *peu de valeur* / *quelque valeur* } groupes compl. de *butin*

2) L'adverbe de manière forme avec la préposition qui le suit une locution prépositive :

conformément à vos directives = *selon* vos directives
parallèlement au canal = *le long* du canal
postérieurement à cette date = *après* cette date

Les locutions *conformément à, postérieurement à, perpendiculairement à...* sont (au même titre que *grâce à, auprès de, par rapport à...*) des locutions prépositives qui amènent un complément du verbe.

Un adverbe ne peut être complété que :

a) par un autre adverbe :

Il va ***trop*** *vite.*

(*trop* s'applique à *vite* ; et *vite* s'applique au verbe)

b) par une proposition conjonctive, lorsque l'adverbe est au comparatif :

Cette moto est plus rapide ***que tu ne le disais.***

c) par une proposition subordonnée relative complétant un adverbe de lieu :

Il a fauché là ***où il ne fallait pas.***

221 – Compléments circonstanciels du verbe

Les compléments circonstanciels du verbe apportent des informations relatives aux conditions dans lesquelles se développe le procès. Ils répondent en général aux questions : *Où ? Quand ? Comment ? Pourquoi ?* Ils s'ajoutent à la syntaxe simple pour compléter le verbe ou la phrase. Les notions exprimées sont nombreuses. Voici les plus fréquentes.

222 – Complément circonstanciel de lieu

Introduisants : *à, avant, chez, en bas de, au cœur de, dans, en dehors de, au-dessus de, au-dessous de, devant, entre, en face de, loin de, au milieu de, par, près de, sous, sur, vers,* etc.

Elle dort sous ***un arbre.***

Maître corbeau tenait en ***son bec*** *un fromage.*

(La Fontaine, *Fables*, I, 2)

Un rat sortit de ***terre****.*

(La Fontaine, *Fables*, II, 11)

Je l'ai mis ***dessus****.* (adverbe)

Je passe ***par ici****.* (locution adverbiale)

Il n'est pas allé ***où je l'avais envoyé****.*

(S.R. compl. circ. de lieu)

223 – Complément circonstanciel de temps

> Introduisants de groupes nominaux : *à, après, avant, dans, de, depuis, dès, durant, en, jusque, pendant, pour, sur, vers*, etc.
> Subordonnants de groupes verbaux : voir n° 182.

Ce complément peut préciser le moment, la durée ou la fréquence :

Le jardinier est venu ***mercredi****, travailla pendant* ***trois heures*** *et promit de revenir* ***chaque semaine.***

Le chêne, ***un jour****, dit au roseau.*

(La Fontaine, *Fables*, II, 22)

Il marcha ***trente jours****, il marcha* ***trente nuits.***

(V. Hugo, *La Légende des siècles*, I, 2)

Il reviendra ***bientôt****.* (adverbe)

Elle s'habille avant de ***partir****.* (infinitif nominal)

Cela a duré ***ce que dure un feu de paille****.*

(S.R. déterminative, compl. circ. de temps de *a duré*)

S'étant assise*, elle éplucha ses haricots.*

(participe passé composé)

En marchant*, il me raconta ses aventures.*

(gérondif)

***Sitôt arrivé**, il se coucha.*
(subordonnée elliptique)
***Écolier**, il a hâte de gagner sa vie.*
(nom en apposition)
***Jeune**, j'allais souvent à bicyclette.*
(adjectif en apposition)

Dans les deux exemples qui précèdent, les mots *écolier* et *jeune* peuvent être considérés comme les vestiges d'une subordonnée conjonctive elliptique : *Alors qu'il n'est qu'écolier... Quand j'étais jeune...*

*Nous vous appellerons **quand nous serons prêts**.*
(S.C.)
***La promenade terminée**, nous avons pris le thé.*
(S. participiale)

224 – Complément circonstanciel de situation

En ce complément qui exprime l'occasion, la conjoncture, interviennent les circonstances de lieu et de temps.

*Tu pâlissais **à chaque virage**.*

*Il traversa la place **sous les quolibets**.*

*Elle descendit **à ma rencontre**.*

***Aux portes de la mort**, il réclama sa fille.*

***Coup sur coup**, la voiture hoqueta.*
(locution adverbiale)

***Jusqu'ici**, le récit ne nous avait guère intéressés.*
(locution adverbiale)

*Il revient de **labourer**.* (infinitif nominal)

Voir n° 139.

225 – Complément circonstanciel de manière

> Introduisants : *à, à la façon de, à la manière de, avec, dans, de, en, par, sans, selon,* etc.

Elle allait ***à grands pas****.*
(La Fontaine, *Fables*, VII, 10)
Ils l'ont suivi ***des yeux****.*
Je suis sorti ***précipitamment****.* (adverbe)
Vous avez réagi ***trop vivement****.* (locution adverbiale)
C'est ***à contrecœur*** *qu'il avoua.* (locution adverbiale)
*Elle nous le dit « **ex abrupto** ».*
(locution adverbiale latine)
Il avançait ***en zigzaguant****.* (gérondif)
Ils se sont séparés ***sans se saluer****.* (infinitif nominal)
Elle sortit ***sans qu'on s'en aperçût****.* (S.C. modale)

226 – Complément circonstanciel de comparaison

> Introduisants de groupes nominaux : *à l'égal de, à l'exemple de, à l'image de, à l'instar de, comme, en, pareil à, semblable à, tel,* etc.
> Subordonnants de groupes verbaux : voir n° 189.

Il vivait ***en ermite****.*
Il va et vient, ***tel le ludion****.*
Elle a fondu ***ainsi que la neige au soleil****.*
(S.C. elliptique du verbe *fondrait*)
Elle sera aussi grande ***que l'était sa mère****.* (S.C.)
Elle se retournait ***comme pour surveiller quelqu'un****.*
(infinitif nominal)

Il est botté ***comme l'étaient les mousquetaires****.*
(S.C. comparative)

Le mot **comme**, normalement conjonction, devient fréquemment, par l'ellipse du verbe, une préposition : *Riche comme Crésus. Nager comme un poisson. Retourner comme une crêpe.*

Tant vaut la main*, tant vaut l'outil.*

Il s'agit là de fausses indépendantes : la première proposition est subordonnée à la seconde, exprimant une comparaison : *l'outil vaut ce que vaut la main.*

227 – Complément circonstanciel de cause

> Introduisants de groupes nominaux : *à, à cause de, à force de, de, en raison de, grâce à, faute de, par, pour, vu*, etc.
> Subordonnants de groupes verbaux : voir n° 183.

Il hurlait de ***douleur****.*
(*douleur* est compl. circ. de cause de *hurlant*)

Tu seras châtié de ***ta témérité****.*
(La Fontaine, *Fables*, I, 10)

Je suis fatigué de ***pomper****.*
(infinitif nominal)

En se sacrifiant*, il sauva les autres.*
(gérondif)

Comme il a été accidenté*, cet homme boite.*
(S.C. causale)

Elle est désolée ***que vous ne veniez pas****.*
(S.C. causale)

Puisque le temps est beau*, allons dans la forêt.*

Quand une subordonnée est causale, la principale est effective.

Elle fit la grimace ***car la tisane était amère.***
(P. indépendante exprimant la cause)

Les parents sont comblés ***qui ont un tel fils.*** (S.R.)

Chacun le sachant coupable*, il fut réprimandé.*
(S. participiale)

Étant arrivé en retard*, on l'élimina.*
(participe passé composé)

Malade*, il ne put se rendre au conseil.*
(adjectif, en apposition à *il*, qui ramasse une S.C. elliptique : *Comme il était malade...*)

Électricien*, il trouva tout de suite la cause de la panne.* (nom en apposition)

Épuisante*, cette vie ne pouvait lui convenir.*
(adjectif verbal)

228 – Complément circonstanciel de moyen ou d'instrument

Introduisants : *à, à l'aide de, à force de, au moyen de, avec, de, en, grâce à, par.*

Je vis de ***bonne soupe*** *et non de* ***beau langage.***
(Molière, *Les Femmes savantes*, II, 7)

On ne prend pas les mouches avec ***du vinaigre.***

Autrefois, la plupart des travaux se faisaient à ***la main.***

Le fugitif fut arrêté par ***un croc-en-jambe.***
(compl. circ. de moyen et compl. d'agent du verbe passif). Voir n° 211.

À nager sans cesse*, il se développait les muscles.*
(infinitif nominal, compl. circ. de moyen et de cause)

Il se tenait en forme ***en s'entraînant.*** (gérondif)

229 – Complément circonstanciel de but

Introduisants de groupes nominaux : *à, afin de, contre, dans, dans la crainte de, dans le dessein de, envers, en vue de, par peur de, pour, vers,* etc.
Subordonnants de groupes verbaux : voir n° 185.

Ils se concertèrent en vue de ***la grève.***
Le paysan prépare la terre pour ***les semailles.***
J'ai couru pour ***te rattraper***. (infinitif nominal)
Il vient ***jouer avec nous***. (infinitif nominal)
Il cherchait un masque ***qui fasse peur***.
(S.R. compl. circ. de but)
Elle suit des cours ***pour que sa situation s'améliore***.
(S.C. finale)

230 – Complément circonstanciel d'opposition ou de concession

Introduisants de groupes nominaux : *au lieu de, bien loin de, contre, de préférence à, en dépit de, malgré, plutôt que, pour.*
Subordonnants de groupes verbaux : voir n° 187.

Il plonge malgré ***le froid.***
Tu dis oui ***mais tu ne le fais pas***.
(indépendante compl. circ. d'opposition)
La famille est un refuge ***que tu repousses***.
(S.R. compl. circ. d'opposition)
Quels que soient ses mérites*,*
il n'obtiendra jamais ce poste.
(S.C. compl. circ. de concession)

Pour diriger l'État*, on n'en est pas moins homme.*
(infinitif nominal)
Vous êtes sorti ***en n'ignorant pas*** *que votre oncle venait.* (gérondif)
Quoiqu'il allât sur ses deux ans*, il ne marchait pas encore.* (S.C.)
Pour petite qu'elle est*, elle est délurée.* (S.C.)
L'alibi ayant été fourni*, je croyais néanmoins à la culpabilité de l'accusé.*
(S. participiale)
Peintre en bâtiment*, il avait le vertige.*
(groupe nominal en apposition qui résume une S.C. elliptique : *Bien qu'il fût...*)
Apparemment solide*, il se fit pourtant battre rapidement.*
(locution adjective en apposition)
Épuisante*, cette activité lui plaisait quand même.*
(adjectif verbal en apposition)

La concession s'exprime aussi au moyen de la locution *avoir beau* suivie de l'infinitif :

J'ai beau chercher ce papier*, je ne le trouve pas.*

231 – Complément circonstanciel de conséquence

Introduisants de groupes nominaux : *à, au point de, avec, de façon à, de manière à, jusqu'à.*
Subordonnants de groupes verbaux : voir n° 184.

Il lutta jusqu'à ***la mort****.*
Je souffre à ***hurler****.* (infinitif nominal)
Il pleut très fort / ***et tu dois prendre ton parapluie****.*

P. indépendante marquant la cause	P. indépendante marquant la conséquence

Le cœur se mit à battre : ***le chirurgien se prit à sourire.***
(les deux points entre les indépendantes annoncent une conséquence)

Choisis des chaussures larges, ***qui ne te serrent pas.***
(S.R. compl. circ. de conséquence)

Il avait tout donné aux pauvres,
si bien qu'il ne possédait plus rien.
(S.C. consécutive)

Tel était son courage ***que nous en étions confondus.***
(S.C. consécutive)

232 – Complément circonstanciel de condition ou de supposition

> Introduisants de groupes nominaux : *avec, en cas de, sans, sauf, selon.*
> Subordonnants de groupes verbaux : voir n° 188.

Tu auras cette poupée ***si tu ne ronges plus tes ongles.***
P. S.C.

Si vous le voyez / et qu'il soit prêt, */ amenez-le ici.*
S.C. S.C. P.

Avec ***un peu d'efforts****, vous réussirez.*
(locution nominale)

À courir *ainsi, il sera vite fatigué.* (infinitif nominal)

Fais un geste *et tu es mort.*
(P. indépendante compl. circ. de supposition suivie d'une P. indépendante coordonnée)

Se montrait-il ? *Aussitôt c'était des applaudissements dans la foule.*
(P. indépendante marquant supposition et condition)

Il voulait un pardessus
qui lui durât plusieurs années.
(S.R. compl. circ. de condition)

Vous pouvez réussir, ***la chance aidant****.*
(S. participiale)

L'usine fermée*, nous tenterions autre chose.*
(S. participiale)

Juge*, je ne lui aurais pas donné raison.*
(nom en apposition : *Si j'avais été juge...*)

Ce bateau, ***repeint****, aurait belle allure.*
(participe-adjectif en apposition)

Elle pourrait réussir ***en travaillant****.* (gérondif)

233 – Complément circonstanciel de mesure

Le complément de mesure, étant presque toujours de construction directe, ne doit pas être confondu avec le complément d'objet direct. Cette sorte de complément embrasse tout ce qui est mesurable :

- Complément circ. de mesure arithmétique :

Il alla ***plus de dix fois*** *à la fenêtre.*

- Complément circ. de mesure de longueur :

Ils ont parcouru ***quelques kilomètres****.*
Il le dépassa ***d'une encolure****.*

- Complément circ. de mesure de masse :

Votre colis pèse ***vingt kilos****.*

- Complément circ. de mesure de prix :

Un tableau de maître se vend ***plusieurs dizaines de milliers de francs****.*

- Complément circ. de mesure de température :

Le thermomètre est descendu ***de trois degrés****.*

Le complément de mesure n'ignore rien de ce qui est mesurable (surface, volume, énergie, résistance électrique, éclairement, etc.).
Les compléments circonstanciels de temps, en durée et en fréquence, sont des compléments circonstanciels de mesure :

Je devais faire pointer cette carte ***tous les mois****.*

234 – Autres compléments circonstanciels

On peut encore distinguer :

1) Le complément circ. d'accompagnement (qui s'applique aux êtres vivants) :

Nous sortions souvent avec ***grand-père****.* (nom)
Elle déjeune avec ***lui****.* (pronom personnel)
J'irai avec ***qui me plaira****.*
(S.R. indéfinie)

2) Le complément circ. d'adjonction (qui s'applique aux choses) :

Il allie la force à ***la ruse****.*
Elle sort avec ***son parapluie****.*

3) Le complément circ. de séparation :

Elle se promène sans ***son chien****.*

4) Le complément circ. d'entremise :

Vous l'avez obtenu par ***un ami****.*
Je le tiens du ***concierge****.*

5) Le complément circ. de possession (qui s'applique aux êtres vivants) :

Ce maillot appartient à ***mon frère****.*

6) Le complément circ. d'appartenance (qui s'applique aux choses) :

*Cela relève du **droit commun**.*
*Ce volume tient du **pamphlet** et de la **plaidoirie**.*

7) Le complément circ. de matière :

*Cette pièce est en **bronze**.*
*On n'est pas de **bois**.*

8) Le complément circ. d'origine :

*J'ai enfin reçu du **consul** cette attestation.*
*Elle est issue d'**une famille honorable**.*

9) Le complément circ. de considération :

*Elle le surpassait en **élégance**.*
*Selon **les journaux**, il serait blessé.*
*Cette revue est trop chère pour **ma bourse**.*

235 – Compléments circonstanciels complexes

L'analyse ne sera jamais aussi subtile que la pensée. En analysant, on sent quelquefois que plusieurs circonstances sont fondues sous une même dénomination : un mot ne décrit pas assez. Voici quelques cas de circonstances complexes :

*Il s'habilla comme pour **une cérémonie**.*
(compl. circ. de comparaison et de but)

***Le train étant annoncé**, les voyageurs se levèrent.*
(compl. circ. de temps et de cause)

*Il est tombé **en courant**.*
(compl. circ. de manière et de cause)

***Quand elle était à la maison**, tu ne te montrais pas.*
(compl. circ. de temps et de cause)

Le temps que nous chaussions nos skis *et nous vous rejoignons.*
(compl. circ. de temps et de condition)

Il sort ***comme lorsqu'il était célibataire****.*
(compl. circ. de temps et de comparaison)

Il était ***d'autant plus*** *poli* ***qu'il était fautif****.*
(compl. circ. de cause et de comparaison)

Même si je risque la contagion*, je continuerai à le soigner.*
(compl. circ. d'opposition et de supposition)

J'ai beau l'appeler*, il ne vient pas.*
(pseudo-indépendante qui est une subordonnée concessive et d'apposition)

Je t'accompagne ***où que tu ailles****.*
(compl. circ. de supposition et de lieu)

Aussi loin que porte la vue*, on ne voit rien.*
(compl. circ. de comparaison et de lieu)

236 – Épithète

Sens : l'épithète indique une qualité (bonne ou mauvaise), une manière d'être de l'être ou de la chose dont on parle.

Syntaxe : l'épithète est en général construite directement avec le mot ou le groupe de mots, formant avec lui un groupe nominal.

Des fruits ***mûrs****. Un* ***certain*** *jour.*
Les ***deux*** *amis. Une question* ***irritante****.* } (adj. épithètes)

Le ***septième*** *jour.* (adj. numéral ordinal)

Une pneumonie ***double****.* (adj. numéral multiplicatif)

*L'****imbécile*** *de laquais. Un* ***drôle*** *de mariage.*
(*de* est explétif)

Un garçon ***très bien****.*
(locution adverbiale employée adjectivement)

*Un roman **fleuve**. Une histoire **farce**.*
(noms employés adjectivement)

*Un coup de main **FFI**.* (nom adjectivé)

***Tout** cela m'intéresse.* (adj. indéfini épithète de *cela*)

***Plusieurs** personnes sortirent.* ***Beaucoup de** clients protestaient.*	(adj. indéfinis)

***Quelle** coiffure mettras-tu ?* (adj. interrogatif)

***Quelle** aventure !* (adj. exclamatif)

*Une voiture **circulant en sens interdit**.*

*Dans les jours **qui viennent**.* (S.R.)

*Il jette les boîtes **qui sont avariées**.* (S.R.)

237 – Apposition

Sens : l'apposition apporte une information supplémentaire ou une spécification relative à l'être ou à la chose dont on parle.

Syntaxe : l'apposition est juxtaposée au terme ou rattachée à lui par un mot explétif (sans valeur grammaticale). L'apposition n'est pas indispensable à la structure de la phrase ; elle est souvent détachée par la virgule.

***Attentif**, le chat guette la souris.*
(adj. en apposition à *chat*)

*L'enfant, **hagard**, ne savait où aller.*

*Il reposait, **heureux**.* (apposition à *il*)

*Cette consolation, **chanter**, lui fut même refusée.*
(infinitif nominal)

*Il a réalisé son rêve, **vivre à la campagne**.*
(infinitif nominal en apposition à *rêve*)

*Le lion, **terreur des forêts**, fut attaqué…*
(La Fontaine, *Fables*, III, 14) (apposition à *lion*)

***Bricoleur**, il savait aussi réparer les horloges.*
(apposition à *il*)
*Eux, **les voleurs**, furent acquittés.* (apposition à *eux*)
*Les spectateurs, **retenant leur souffle**, attendaient le dénouement.*
(groupe verbal)
*Catherine, **elle**, était d'un autre avis.*
(pronom en apposition à *Catherine*) Voir n° 66.
*Cette agglomération, **qui n'était qu'une bourgade**, est devenue une grande cité.*
(S. R.)
*Enfin, **ce que son père n'eût jamais toléré**, il laissa le chien dehors.*
(S. R. en apposition à la P.)
*Elle pense / que je n'irai pas, / **ce en quoi elle se trompe**.*
P. S. C. S. R. en apposition à ce qui précède
*Je ne souhaite qu'une chose, **que vous réussissiez**.*
(S. C. complétive)
*Vous pouvez déjà être assuré d'une chose, **à savoir que la charpente est en bon état**.*
(S. C. en apposition à *chose*)
***Dès que tu chantes**, c'est merveilleux.*
(S. C. temporelle en apposition à *c'*)
*Nous vîmes alors passer le reste de l'armée, **loques pitoyables s'efforçant de marcher en rang**.*
(S. participiale en apposition à *reste de l'armée*)

238 – Remarques sur l'apposition

Le nom en apposition est une sorte d'attribut sans le lien du verbe. Ainsi, l'expression « Le général Bonaparte » pourrait être traduite : « Bonaparte était général ».

Le nom en apposition se construit de deux manières :

a) L'apposition avoisine le nom :

__Maître__ Cornille. (apposition à *Cornille*)
Le __docteur__ Dumont. La reine __mère__.
__Sa Majesté__ le roi est trop bon.

Dans ce cas, le plus précis des deux termes est le nom principal ; l'apposition est le plus général, celui qui qualifie.

b) L'apposition est reliée au nom par un « de » explétif :

La __ville__ de Reims. (apposition à *Reims*)
Le __mois__ de juin.
Il répond au __nom__ de Dick.

L'apposition a plus d'extension que le mot principal, lequel est indispensable. Dans cette syntaxe, la construction « apposition-*de*-nom » risque d'être confondue avec la construction « nom-*de*-complément ». Le tableau qui suit peut servir de critère.

Apposition	Complément du nom
Les deux mots désignent le même être ou la même chose (la préposition est explétive). *Le __royaume__ de Navarre* *Un __diable__ d'homme* *Le __mois__ d'octobre* *La __tragédie__ du* Cid *La femme __professeur__* *Un __bourreau__ d'enfant* (il s'agit d'un enfant cruel)	Les deux mots désignent des êtres ou des choses différents (la préposition joue son vrai rôle). *Le roi de __Navarre__* *Un costume d'__homme__* *Les mois de l'__année__* *La tragédie de __Corneille__* *La femme du __professeur__* *Un bourreau d'__enfant__* (il s'agit d'une personne maltraitant un enfant)

239 – Insistance

Dans une phrase, le sujet ou l'objet peut être renforcé, rendu plus frappant, par un terme placé en apposition et qui le redit. On dit que ce terme est **en insistance**.

***Ce renard**, il dévorera toute la volaille.*
(insistance sur le sujet *il*)
***Le loup**, il le tue aussitôt.*
(insistance sur le compl. d'objet direct)
*Il est revenu, **le bougre*** !
(*Il*, près du verbe, est **sujet immédiat** ; *le bougre*, éloigné par la virgule, est **sujet insistant**)

(L'élément insistant a reçu, selon les auteurs, nombre d'appellations : sujet renforcé, réel, accentué, antéposé, postposé, pléonasme renforçant, annonce de sujet, rappel de sujet, mot explétif, etc. ; les uns, d'ailleurs, nommant vrai sujet ce que d'autres nomment sujet d'insistance et inversement.)

*Je l'ai remarqué, **votre chapeau**.*
*Il refuse, **lui**.* (pronom insistant en apposition)

Le nom en insistance est quelquefois annoncé par : *pour, pour ce qui est de, quant à* :

***Quant à Germaine**, nous n'en entendons plus parler.*
(insistance sur le compl. d'objet indirect *en*)

***Pour ce qui est du chien**, il n'a pas aboyé.*

***Déçu**, il l'était sans doute.*

(adjectif insistant sur *l'*)

*Vous acceptez, **vous**.*

sujet immédiat   sujet insistant

***Moi**, je refuse.*

*Elle me donne un caramel, **à moi**.*

*Suzanne, **elle**, refuse.*
(malgré l'apparence, *Suzanne* est sujet immédiat ; *elle* est sujet insistant)

***Qu'il guérisse**, nous **le** souhaitons.*
compl. d'objet insistant compl. d'objet immédiat

Dans une conversation, l'élément insistant peut être placé en interrogation :

***Le voisin** ? Il ne sort jamais.*

Il n'y a pas de ponctuation séparative dans deux cas :

a) avec une phrase interrogative :

***Votre oncle** viendra-t-**il** avec vous ?*
sujet insistant sujet immédiat

b) avec une phrase commençant par un adverbe du genre : *ainsi, à peine, au moins, aussi, du moins, encore, sans doute*, etc. :

*À peine **sa femme** était-**elle** arrivée que...*
sujet insistant sujet immédiat

La phrase a aussi ses propositions et ses appositions présentatives insistant sur le fait considéré. Elles commencent par :

Quant à	*Quant au fait que*
Quant à ce que	*Pour ce qui est de*
Voilà que	*En ce qui concerne le fait que*
Au sujet de	*Relativement au fait que*
Pour	*Ne voilà-t-il pas que*
Par ce que	*Vous n'êtes pas sans savoir que*

***Quant à ce que j'en ai su**, il revient du Mexique.*

240 – Apostrophe

On met en apostrophe, hors la phrase, des termes désignant êtres ou choses interpellés. L'apostrophe est aussi nommée **interpellation** ou **vocatif**.

***Jacques**, dépêche-toi !*
***Vous**, restez ici !*
***Imbécile**, pourquoi n'as-tu pas répondu ?*
*Bonjour, **Hermance** !*
*Veuillez accepter, **Madame**, mes hommages respectueux.*
***Seigneur**, protège-nous !*
***Joli papillon qui vas de fleur en fleur**, viens te poser ici.*
***Emprunter** ! Quelle contrainte !*

Sur la question des fonctions, on peut aussi se référer aux numéros 33 (nom), 40 (article), 47 (adjectif qualificatif), 55 (adjectif numéral), 59 (adjectif indéfini), 66, 67 (pronom personnel), 68 (pronom possessif), 71 (pronom démonstratif), 73 (pronom numéral), 88 (complément subjectif), 148 (adverbe), 152 (préposition), 155, 157 (conjonction), 174 (proposition indépendante), 175 à 198 (proposition subordonnée).

241 – Derniers regards sur l'analyse

Toute analyse devra se préoccuper du sens et du contexte. Ainsi, dans la phrase :

J'ai trouvé des amandes amères,

le mot *amères* sera épithète si l'on entend que, s'étant mis à la recherche de ces amandes, on en a trouvé ; mais ce mot sera attribut de l'objet si l'on entend qu'on a trouvé amères certaines amandes goûtées.

Considérons encore :

Ici, vous trouverez des pommes. Il n'en manque pas.

Dans cette phrase, *il* est pronom impersonnel, sans vraie fonction ; *en* est sujet réel de manque.

Pourquoi porter des pommes à ton oncle ?
Il n'en manque pas.

Cette fois, *il* est pronom personnel sujet de *manque* ; *en* est complément d'objet indirect du verbe.

Il y a des mots comme *ainsi, aussi, autre, avant, certain, comme, de, des, en, juste, la, leur, même, ne, où, que, qui, quoi, possible, proche, quand, quelque, si, tel, tout, un, y,* qui changent de rôle, donc de nature grammaticale. Voici quelques-uns de ces mots protées :

- **Comme**

Adverbe exclamatif : *Comme c'est triste !*
Adverbe de comparaison : *Il est comme mort.*
Conjonction de coordination : *Mon père comme ma mère me l'ont reproché.*
Conjonction de subordination : *Comme elle sortait, le téléphone sonna.*
Pseudo-préposition : *Il est fort comme un Turc.*
Mot explétif : *Tous le considéraient comme perdu.*
Adverbe : *Tu sais comme il est.*
Élément de locution conjonctive : *Elle l'observait comme si elle ne l'avait jamais vu.*

- **Que**

Pronom relatif :
Le cadeau que tu as choisi.
C'est ce que nous avons fait.

Conjonction de subordination :
Il faut que tu te soignes.
Il eut le sentiment qu'on le trompait.
Pronom interrogatif : *Que voulez-vous ?*
Adverbe interrogatif : *Que ne le disais-tu ?*
Élément d'une locution conjonctive : *afin que, parce que*, etc.
Élément d'une locution adverbiale de restriction (*ne... que, ne... rien que*, etc.) : *On ne voyait plus qu'une lueur.*
Remplaçant une autre conjonction de subordination qu'on ne répète pas : *Si la pluie tombe et que vous ne trouviez pas d'abri, il faudra...* (dans ce cas, le mode change du fait de la présence de *que* au lieu de *si*).

• **Si**

Adverbe de quantité : *On ne le savait pas si riche.*
Adverbe d'affirmation : — *Tu n'as rien dit ?* — *Oh ! si.*
Adverbe d'interrogation : *Je veux savoir s'il viendra.*
Conjonction de subordination : *Si tu voulais, tu pourrais le faire.*
Si ce dessert est plus sucré, l'autre est plus digeste.
Élément de la locution *si... que : Il est si distrait qu'il va oublier.*
Nom : *Avec des si, on mettrait Paris en bouteille.*
On rencontre aussi des mots bâtards dans le langage populaire lorsqu'il ne sait pas achever ses phrases : *C'est* ***selon***. (pseudo-adjectif)

Des prépositions ou des conjonctions que ne suit nul complément deviennent pseudo-adverbes :

C'est un outil fait ***pour****. J'ai pris une pierre et j'ai cloué* ***avec****. Tu feras comme* ***si****.*

La langue populaire, sans trahir la syntaxe, abuse du *que (Où que tu loges ? Irma qu'elle s'appelle)* ou de l'apostrophe qui défigure les mots *(J'parie qu't'as gagné. J'l'ai vu quèqu'part. J'crois qu'y a pus rien. C'est c'qu'i dit)*. Mais, malgré ces imperfections, ce parler populaire et les argots respectent les articulations de la langue écrite, ces langages n'en créant pas.
Ainsi, la phrase suivante est bien construite :

On va s'taper un roulant pour renquiller à la taule.
(On va prendre un taxi pour rentrer à la maison.)

C'est en s'appuyant sur des structures grammaticales solides qu'on manie une langue exacte et claire.
Aussi, efforçons-nous, autant qu'il se peut, de situer notre langage à un bon niveau car il y a du bonheur à parler une belle langue.

LES TERMES LINGUISTIQUES

242 – Termes linguistiques introduits dans l'enseignement de la grammaire

accompli ou achevé — voir n° 86.

agent — être agissant. Ce mot est opposé à *patient* (qui subit l'action). Voir n°s 90, 211.

anaphorique (n. m. et adj.) — qui reprend une idée antérieure : *Les enfants ? Tenez,* ***ils arrivent*** (*ils* a une valeur anaphorique). Voir n° 239.

antonyme — mot de sens opposé, contraire. Voir n° 18.

apocope — mot réduit à son début : *auto, info, prof* pour *automobile, information, professeur*. Le contraire, plus rare, est **l'aphérèse** : *bus* pour *autobus.*

aspect — manière dont l'action est exprimée par le verbe. Voir n° 86.

asyndète — juxtaposition de **termes** (noms, actions, propositions) énumérés sans liaisons : *La famille, le devoir, l'honneur étaient ses seuls soucis.*

atone (forme) — **forme** de pronom personnel en *e (me, te, se)* qu'il est possible d'élider : *Il se dresse, il s'ennuie.*

C.O.D. — complément d'objet direct. Voir n° 204.

C.O.I. — complément d'objet indirect. Voir n° 205.

C.O.S. — complément d'objet second. Voir n° 208.

déclarative — voir n° 167.

déclinaison — forme que prend l'écriture d'un mot suivant la fonction qu'il assume dans la phrase : *Je parle, il* ***me*** *comprend, il est près de* ***moi***. Fréquentes dans les langues à flexion comme le latin, les déclinaisons sont rares en français.

défectif (verbe) — verbe qui ne se conjugue qu'à certains temps ou à certaines personnes. Ainsi, le verbe *paître* n'a pas de temps composés ; le verbe *férir* ne se dit plus qu'à l'infinitif *(sans coup férir)* et au participe passé *(féru)*. Voir n° 101 (fin).

désinence verbale — élément terminal d'un verbe qui varie selon le mode, le temps et la personne : *chant**er**, chant**e**, chant**âmes**, chante**raient***.

déterminant — article, adjectif non qualificatif, complément du nom qui détermine un mot, le complétant et lui donnant une assise : ***un*** *arbre,* ***cet*** *arbre, l'arbre* ***de Noël***.

déterminatif — un complément est déterminatif quand il note la fonction d'un terme principal (nom, pronom, adjectif ou verbe) : *le fauteuil du* ***grand-père*** *; mécontent de* ***sa situation*** *; se passionner pour* ***le rugby***. Une proposition est déterminative quand, indispensable au sens, elle restreint la valeur d'un terme : *J'ai jeté les pommes* ***qui étaient pourries***.

diérèse — séparation distincte de deux voyelles : ***Où*** *allez-vous ?* Alors qu'est prononcé d'une seule émission de voix : *de l'**ouate***. La diérèse est quelquefois réclamée par le poète pour l'équilibre syllabique :

Ah ! prince, où courez-vous ? Quelle ardeur inquiète
Parmi vos ennemis en aveugle vous jette ? (Racine)

Là, il faut observer la séparation *[in-ki-èt']*, alors que la prononciation courante du mot est *[in-kièt']*.

digramme — groupe de deux **lettres** (comme *eu, on, in, ou, ch*) pour figurer un son.

discours — réalisation, écrite ou orale, de la langue ; enchaînement, énoncé supérieur à la phrase. Discours direct, indirect (voir n°s 1, 166, 167).

duratif — voir n° 86.

énonciative — voir n° 167.

fréquentatif — voir n° 86.

G.N. — groupe nominal.

G.P. — groupe prépositionnel (préposition + compl. indirect). Voir n° 150.

graphème — la plus petite unité d'écriture ; c'est la lettre. On peut considérer que les digrammes *ch (un chat)* et *gn (un pagne)* sont aussi des graphèmes du français.

G.S. — groupe sujet.

G.V. — groupe verbal.

imperfectif — voir n° 86.

inachevé — voir n° 86.

inchoatif — voir n° 86, 97.

itératif — voir n° 86.

lexie (n. f.) — unité du lexique. La lexie simple est un lexème, un mot. La lexie complexe est une expression.

locuteur — celui qui parle, qui énonce.

monème — mot d'un seul morphème : *rat, thym, ail.*

morphème — élément grammatical minimal pourvu de signification.

morphologie — étude des formes du mot et de leur variation.

mot-valise — mot fait de morceaux de plusieurs mots : *motel* (hôtel pour personnes motorisées), *saucipain* (saucisse dans un pain).

non-accompli — voir n° 86.

paradigme — exemple et modèle. Voir n° 122 et la suite.

perfectif — voir n° 86.

phonème — son ; la plus petite unité du langage parlé. Il y a, en français, 34 phonèmes (16 voyelles et 18 consonnes). Voir n°s 2, 3.

phonétique — étude des sons et de la prononciation. Voir n° 3.

ponctuel — voir n° 86.

prédicat — ce que l'on dit à propos du thème : *Lui ? Un menteur* (thème prédicat). *Magnifique, cette plantation* (prédicat — thème).

prédicatif (complément) — complément qui représente le prédicat de l'énoncé : ***Malade****, il ne sortira pas. Le chien,* ***qui était attaché****, s'élança en vain.* Le complément prédicatif est toujours isolé par les virgules. L'inverse est le complément déterminatif : *Il ne sortira pas* ***car il est malade****. Le chien s'élança* ***mais il était attaché.***

procès — manière de procéder du verbe. Voir n°s 85, 86.

prolepse — le prolepse consiste à jeter un terme en tête de phrase pour le reprendre ensuite sous forme de pronom : *La mère, elle ne se doutait de rien. Du lait, il n'en boit jamais.* Dans ces constructions, on dit que les pronoms *(elle, en)* sont représentants. Voir **anaphorique.**

sémantique — étude du sens du langage, science de la signification.

sémiologie ou **sémiotique** — étude des systèmes de signes (langues, signalisations, codes).

strument — les mots qui assument une fonction en relation avec d'autres mots sont nommés termes. Les autres sont des struments. Dans la phrase *L'enfant s'endormit dans le lit du grand frère,* les termes sont : *l'enfant, s'endormit, le lit, grand frère* ; les struments sont : *dans, du.*

suppositif — certains grammairiens considèrent que le futur de l'indicatif et les temps du conditionnel, évoquant l'avenir et se chargeant de plus de valeurs affectives que les autres temps, devraient être rangés sous le nom de mode suppositif.

surcomposés (temps) — temps de la conjugaison qui usent de deux auxiliaires, surtout employés dans le langage parlé : *quand il* ***a eu***

***sauté** ; vous **auriez eu fait** de même ; **ayant eu terminé**.* Voir nos 101, 103, 104.

syllepse — la syllepse consiste à faire un accord non selon la stricte grammaire, mais selon le sentiment des interlocuteurs ; *Le roi salua le peuple ; aussitôt, tous applaudirent.* « Tous », ce sont les gens du peuple.

syncope — suppression de syllabe dans le corps d'un mot : *Le p'tit, mam'selle.*

syntagme — groupe d'éléments formant une unité organisée. Le syntagme peut être nominal (complément du nom), verbal, prépositionnel, adjectival. Voir n° 21. Le syntagme est partiel quand il doit s'appuyer sur un membre qui le précède ou qui le suit : *Lorsque Jean vit que l'on s'était moqué de lui* (l'énoncé est incomplet). Le syntagme est complet quand il est équilibré et autonome : *La pluie a cessé vers quatre heures* (énoncé complet).

terme — voir **strument.**

thème — objet du propos, de la formulation. Voir **prédicat.**

tonique (forme) — forme sonore d'un pronom *(moi, toi, soi)* qui s'oppose à la forme atone *(me, te, se).*

zeugma — procédé de style qui consiste à lier dans une même proposition des éléments de sens différents : *Vêtu de probité candide et de lin blanc.* (V. Hugo). Le zeugma est fautif quand il donne un même complément à des verbes d'emploi différent : *Elle s'est mariée et divorcée.* (F. Sagan). Dans cet exemple, *divorcer* ne doit pas être traité comme un verbe pronominal.

INDEX

Les numéros indiqués sont ceux des paragraphes

B

C

Q

R

S

T

V

Y

Z

Table des matières

La langue et la grammaire

Les noms

Les articles et les adjectifs

Les pronoms

Les verbes

Les mots invariables

Les éléments divers du langage

Les propositions dans la phrase

Les fonctions grammaticales

Imprimé en France sur Presse Offset par

BRODARD & TAUPIN

GROUPE CPI

30513 – La Flèche (Sarthe), le 14-06-2005
Dépôt légal : juin 2005